浙江省高校人文社会科学重点研究基地项目

浙江省哲学社会科学重点研究基地技术创新与企业国际化研究中心研究成果

国际化程度、公司治理与企业绩效研究

林素燕　著

中国财经出版传媒集团

经济科学出版社

Economic Science Press

图书在版编目（CIP）数据

国际化程度、公司治理与企业绩效研究/林素燕著．
—北京：经济科学出版社，2019.1
ISBN 978 - 7 - 5218 - 0160 - 6

Ⅰ.①国…　Ⅱ.①林…　Ⅲ.①企业管理 - 国际化 -
研究 - 中国　Ⅳ.①F279.23

中国版本图书馆 CIP 数据核字（2019）第 011837 号

责任编辑：刘　莎
责任校对：隗立娜
责任印制：邱　天

国际化程度、公司治理与企业绩效研究

林素燕　著

经济科学出版社出版、发行　新华书店经销
社址：北京市海淀区阜成路甲 28 号　邮编：100142
总编部电话：010 - 88191217　发行部电话：010 - 88191522
网址：www.esp.com.cn
电子邮件：esp@ esp.com.cn
天猫网店：经济科学出版社旗舰店
网址：http://jjkxcbs.tmall.com
北京时捷印刷有限公司印装
710×1000　16 开　13.5 印张　210000 字
2019 年 1 月第 1 版　2019 年 1 月第 1 次印刷
ISBN 978 - 7 - 5218 - 0160 - 6　定价：46.00 元

序　言

　　国际化是现阶段中国企业重要的发展战略。近十几年来，为提高产品附加值以提升其在全球价值链中的地位，并进一步提升企业的国际竞争力，越来越多企业实施"走出去"发展战略，企业"走出去"实现国际化经营后，在国际标准的要求下，能不断补齐企业内部管理、技术、人才方面的短板，提升企业自主创新能力，增强企业自身的核心竞争力。作为开放条件下企业升级的重要方式，通过"走出去"实现国际化经营不仅有助于企业实现布局结构升级，同时也有助于企业实现技术、质量、管理、品牌等全方位的升级以提高企业绩效。

　　近十几年来，中国企业国际化取得突破性进展。

　　首先，中国货物出口和服务出口实现了大幅度增长。根据《中国统计年鉴2017》，2000～2016年以来，除了2009年由于国际金融危机导致中国货物出口和服务出口双双减少之外，2000～2014年中国货物出口和服务出口均呈稳定增长趋势，尽管2015～2016年，无论是货物出口额还是服务出口额，与2014年相比都有所回落，但是回落幅度不大。这从一个角度说明2000年以来中国企业的国际化程度实现了较大幅度提升。

　　其次，尽管近几年全球直接投资流量缩水，但是中国对外直接投资一直处于高速增长状态。商务部公布的对外直接投资数据显示，自2002年建立《中国对外直接投资统计制度》以来，一直到2016年，中国对外直接投资持续高速增长，年均增幅近40%。至2015年和2016年，中国对外直接投资流量全球排名跃居第二。其中，2015年中国对外直接投资占到全球流量份额的9.9%，金额仅次于美国的2 999.6亿美元，比第三位日本的1 286.5亿美元高出170.2亿美元；2015年中国对外直接投资存量首次突破1万亿美元，达到10 978.6亿美元，排名也与2014年相同，位居全球第8位。2016年更是在2015年的基础上，创下1 961.5亿美元的流量新高，同比增长34.7%，在全球占比达到13.5%，存量达13 573.9亿美元，在全球占比提升至5.2%，位居第六。《2016年度中国对外直接投资统计公报》显示，截至2016年底，中国境外企业资产总额超过5万亿美元，在国（境）外设立对外直接投资企业3.72万家，这些境外直接投资企业分布范围广，涉及全球190个国家（地区）。自2002年以来对外直接投资的持续增加，从另一个角度说明中国企业通过"走出去"实现国际化经营的步伐在不断加大，越来越多的企业正实践着国际化经营。

最后，跨境并购越来越频繁。跨境并购是现阶段企业国际化经营的经常模式。历年《对外直接投资公报》显示，2012～2016年，中国企业实施对外投资并购交易项目分别是457起、424起、595起、579起、765起，实际交易金额分别为434亿美元、529亿美元、569亿美元、544.4亿美元、1 353.3亿美元。2012年以来，跨境并购交易项目和交易金额增长显著，尤其是2016年交易金额达到1 353.3亿美元，比2015年增长149%，而同时期交易项目仅增长32%，这说明相比2015年，2016年交易项目所涉及的金额较大。以经济活跃的浙江省为例，近几年，浙江企业的跨境并购比较频繁。2011年浙江民营企业以并购方式实现的境外投资项目45个，高于2010年的43个，2012年和2014年浙江民营企业海外并购项目分别达63个和70个，并购额分别达7.1

亿美元和 11.14 亿美元。① 从并购个案上看，宁波海天集团股份公司 2007 年收购德国长飞亚塑料机械制造有限公司，浙江吉利控股集团 2010 年成功收购瑞典最大公司沃尔沃、2013 年收购英国锰铜控股、2017 年收购宝腾汽车（PROTON）和美国特拉弗吉亚（Terrafugia）飞行汽车公司等，杭州富丽达集团 2011 年斥资 2.53 亿美元成功收购了加拿大专业生产特种溶解浆的三大厂商之一纽西尔（NEUCEL）特种纤维素有限公司，万向集团 2013～2014 年频繁的海外收购，这些并购个案均引导了浙江民营企业的海外并购之路。并购后，跨境并购企业与国外企业在资源上取长补短，获取核心技术，实现企业的技术升级、管理升级，在国际市场上走出一条"立足中国—跳出中国—海外并购—企业升级"的国际化特色之路。

　　然而令人困惑的是，虽然有些企业通过国际化战略成功提升企业的绩效与国际竞争力，实现了企业的可持续发展，如华为公司、吉利汽车、万向集团等，这些企业采用了出口、并购、绿地投资等多种国际化模式进入国际化的高端环节，通过实施国际化战略使企业的绩效和竞争力大为提升。但是也有很多企业出现了国际化经营战略的失败，使企业蒙受重大损失。因此国际化对于企业来说是把"双刃剑"，成功固然能给企业带来更大的发展空间，但是它也给企业带来更大的不确定性。以跨境并购为例，一旦作为并购方的中国企业对跨境并购整合的经历或经验不足，如果没有充分了解被并购企业的文化及东道国的商业环境和相关制度，即使并购成功，也会因并购后整合失败而导致国际化经营战略的失败。上海汽车集团股份有限公司（以下简称"上汽集团"）折戟韩国双龙事件充分地说明了这点。2004～2005 年，上汽集团斥巨资收购经营状况欠佳的韩国双龙汽车，截至 2005 年，持有双龙汽车 51.33% 的股份成为其第一大股东。但令人遗憾的是，并购后双龙汽车不仅没有

---

　　① 资料来源：根据浙江商务厅网站公布的数据整理而得。

给上汽集团带来预期业绩，反而因为上汽集团对中韩文化差异了解不足使并购后整合艰难。直至 2009 年 1 月，上汽集团正式放弃对双龙汽车的经营权，意味着上汽集团对韩国双龙并购的失败。这次跨国并购给上汽集团带来了巨额损失。

理论界对企业国际化与企业绩效的关系有众多的研究成果，但是学者们得出的结论往往不一致，一部分学者认为企业国际化与企业绩效存在正相关关系，一部分学者认为他们之间存在负相关关系，一部分学者认为国际化与企业绩效存在"U"形关系，一部分学者认为国际化与企业绩效存在倒"U"形关系，也有一部分学者认为企业国际化与其绩效不存在相关性。理论界对企业国际化与企业绩效关系观点的不统一，使其难以有效指导企业实践。

1997 年亚洲金融危机、21 世纪初美国安然事件与世通事件等财务丑闻、2008 年国际金融危机等引发了理论界和实务界对公司治理的高度关注。国际金融公司（International Finance Corporation，IFC）研究表明，公司治理良好的公司股价在 2008 年国际金融危机期间下跌幅度较小，股本回报率较高，其他关键绩效指标也更好。这说明良好的公司治理能够为公司和股东等利益相关者创造更高的价值。因此，国际金融危机后，公司治理再次成为国际组织、各国政府关注的焦点问题。企业国际化经营后，由于地域范围及管理层级的增加，导致各类代理问题更为突出，对其公司治理也提出更高的要求。

综上所述，中国企业整体处于全球产业链中下游，通过国际化经营实现开放条件下企业升级能有效整合国际资源，提升企业研发创新能力、管理能力，有助于企业提升绩效增强国际竞争能力。然而，企业国际化会进一步加大经营风险，一旦处理不当，给企业造成的后果往往更为严重。也就是说，国际化在给企业带来新的机遇和发展空间的同时，给企业带来的经营风险也是巨大的，未来提升企业绩效，国际化对企业的管理能力、公司治理提出了更高的要求。因此，在这一领域有很多问题值得深入研究，比如：目前中国企业国际化现状如何？中国制造业处于全球价值链的什么地位？中国企业的国际化与其绩效究竟存在什么关系？公司治理是否受国际化的影响？完善公司治理能否调节国际化与企业绩效的关系？如何完善国际化企业的公司治理以提升国际化企业绩效等理论和实践问题均有待深入研究。

鉴于此，本书研究企业国际化、公司治理与企业绩效的关系，重点研究中国企业国际化的现状、国际化及公司治理对企业绩效的影响，并进一步研究公司治理是否对企业国际化和企业绩效的关系起调节作用。在此基础上，提出完善国际化企业公司治理的措施以有助于提升国际化企业绩效，成功实现企业的国际化经营战略。

基于上述思路，本书共分为六章，具体内容安排如下。

第一章是企业国际化、公司治理与企业绩效的相关文献综述。本章围绕企业国际化、公司治理与企业绩效的主题展开，按照研究视角与研究结论不同对企业国际化、公司治理及其与企业绩效关系的已有理论和实证文献进行梳理和比较，从企业国际化的内涵、国际化程度的衡量、国际化的路径及国际化风险综述企业国际化相关研究；从公司治理的产生、内部治理、外部治理综述公司治理的已有研究成果，并综述了企业国际化及其绩效关系的已有研究。借鉴已有文献，为本书研究企业国际化、公司治理及其与企业绩效的关系奠定理论基础和研究高度，同时，本部分进一步讨论了现有研究在研究视角、研究方法等方面存在的不足，为本研究提供切入点。

第二章是中国企业国际化环境及其现状。本章在分析企业国际化环境基础上，从企业国际化规模、行业分布、出口贸易结构、国别分布和出口产品升级指数角度研究中国企业国际化现状。在分析企业国际化现状时，运用中国上市公司数据了解中国企业国际化规模及行业分布，并运用开普林斯基（Kaplinsky）升级指数和全球价值链地位指数（Global Value Chain，GVC）分析中国制造业出口产品在全球价值链的地位，同时，基于各年统计年鉴数据分析企业出口的贸易结构及国别分布。

第三章是中国企业国际化、公司治理与企业绩效的案例研究。本章通过对华为公司和吉利汽车的国际化经营与其企业绩效进行深入的案例研究，为研究中国企业国际化、公司治理与企业绩效的关系提供探索性研究资料。

第四章是企业国际化对公司治理影响的研究。本章在研究国际组织及各国政府对公司治理的研究及公司治理最新发展——G20/OECD公司治理原则的基础上，选取2009～2014年至少一年海外业务收入大于0的中国A股非金融类上市公司为样本公司，理论论证和实证检验中国企业国际化对公司治理的影响。

第五章是企业国际化、公司治理与企业绩效关系的研究。在理论分析国际化、公司治理对企业绩效影响的基础上，本章选取2010～2015年至少一年海外业务收入大于0的中国A股非金融类上市公司为样本公司，最终得到4 943个观测值，实证检验国际化、公司治理对企业绩效的影响，并进一步检验公司治理对国际化与企业绩效的调节作用。

第六章是国际化企业优化公司治理提升企业绩效措施的研究。本章基于G20/OECD公司治理原则，从企业组织架构、激励制度、监督制度、信息传递制度等四个方面研究国际化企业公司治理的完善措施以提升其企业绩效。

本书的出版首先要感谢浙江工业大学提供的资助，同时，感谢经济科学出版社各位编辑认真负责的工作与辛勤的付出！

本书可以为中国企业国际化、公司治理提供理论基础；也可以为政府部门制定有关政策提供理论依据和参考；并对完善国际化企业公司治理、提升其绩效、增强其国际竞争能力以成功实现"走出去"发展战略具有一定的理论价值和应用价值。但由于本人水平、时间、经历等限制，书中肯定存在不少疏漏之处，恳请读者批评指正。

目　　录

第一章 企业国际化、公司治理与企业绩效的相关文献综述

第一节 企业国际化的相关研究文献

一、企业国际化的内涵

国内外学者至今并未就企业国际化（enterprise internationalization）形成统一的定义。根据产品生命周期理论，弗农（Vernon）在 1966 年较早地定义了企业国际化，他认为由于产品生命周期变化，企业逐渐由产品输出发展为技术或资本输出以降低产品成本，随着厂商将生产转移到其他国家，企业的国际化程度得以增加，因此他认为企业国际化是一个连续的过程。其后，很多学者在此基础上界定企业国际化。以卡尔森（Carlson，1975）、瓦德协姆（Wiedersheim，1975）、约翰森和瓦尔尼（Johanson & Vahlne，1977）等为代表的学者也认为企业国际化是企业由国内市场向国际市场扩张的渐进演变过程，是企业各种经营活动跨越

国界的行为。麻省理工学院理查德教授（Richard D. Robinson，1989）提出国际化过程是企业在产品及生产要素流动性逐渐增大的过程中，有意识地追逐国际市场的行为体现，他认为国际化是企业对市场国际化而不是对某一特定国家的市场所做出的反应。阿纳瓦茹拉和贝尔多纳（Annavarjula & Beldona，2000）认为企业国际化应从企业海外运营、海外资产所有权以及管理风格、战略、组织结构是否具有国际化三个方面界定。部分学者从国际化方式角度界定企业国际化。斯蒂芬·扬（Stephen Young，1989）认为企业国际化是指包括产品出口、直接投资、技术许可、管理合同、国际分包及特许经营等企业跨国经营的所有方式。希特等（Hitt et al.，1997）认为产品销售、产品制造和研发活动跨越国家边界等企业运营市场国际多样化的行为都属于国际化经营；韦尔奇和卢奥斯塔里宁（L. S. Welch & R. K. Luostarinen，1993）、卡尔森等（T. Karlsen & P. R. Silseth，G. R. G. Benito & L. S. Welch；2003）、鲁桐（2003）、赵伟（2006）等学者认为企业国际化分为外向型国际化和内向型国际化。外向型国际化形式主要有直接或间接出口、技术转让、国外各种合同（契约）安排、建立国外合资/合作企业、设立海外子公司或分公司等；内向型国际化形式主要有进口、购买专利技术、三来一补（加工）、建立国内合资/合作企业、成为外国企业的子公司或分公司等。

　　国内学者多认为企业国际化是企业进入国际市场的过程。杨一尘、余颖（2008）认为国际化是指企业对待国外市场的态度和参与国际市场经营活动的行为。王福胜、孙妮娜和王虹妹（2009）认为企业国际化是企业为了适应经营环境的改变或拓展运营规模，而不断增加国际经营涉入程度的过程。周霞、李飞飞（2009）认为企业国际化是以国际市场为导向，在全球范围内利用生产要素、积极参与国际分工和国际竞争的动态过程，他们认为企业国际化是企业边界在世界范围内的扩展和延伸。

　　鉴于内向型国际化目的往往是为了增强企业的技术创新能力和提高

企业的竞争力，是为了更好地实现外向型国际化，一般认为外向型国际化是内向型国际化发展的结果和趋势，因此本书研究的国际化为外向型国际化，参照希特等（1997）将企业国际化定义为"企业运营活动跨越国家边界进入国际市场的行为，包括产品出口、建立国外合资或合作企业、设立海外子公司或分公司等形式"。

二、企业国际化动因理论

20 世纪 60 年代以来，学者们从产业组织、交易成本、企业能力、社会网络等不同视角对企业国际化的动因进行研究，形成了不同的国际化理论范式和流派。纵观这些理论，它们大致沿着"外部环境→企业→企业家"的逻辑推进（王国顺、郑准，2008），如图 1－1 所示。在国际经济环境变化的不同阶段，国际化理论对企业经营行为的解释力也会随国际经济环境的变化而变化。以下基于不同的国际化动因介绍垄断优势理论、产品生命周期理论、国际生产折衷理论、内部化理论、边际产业扩张理论和国际新企业理论。

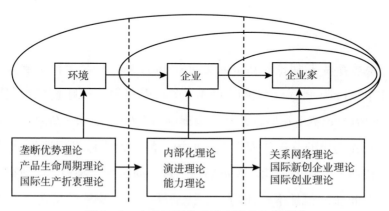

图 1－1　企业国际化动因研究的逻辑演进

资料来源：王国顺，郑准．企业国际化研究的基本问题：理论演进视角 [J]．中南大学学报（社会科学版），2008（1）：5－10．

1. 垄断优势理论

垄断优势理论（Monopolistic Advantage Theory）是美国学者斯蒂芬·海默（Stephen Hymer）提出的，他在对美国 1914～1956 年企业对外直接投资数据分析的基础上，认为企业之所以要对外直接投资，是因为它具有比东道国同类企业有利的垄断优势，从而在国外进行生产可以赚取更多的利润。因此，垄断优势理论是一种阐述跨国公司在海外投资具有垄断优势的理论。海默的导师金德尔伯格（Kindleberger；1969，1982）进一步补充和发展了该理论。垄断优势理论认为，包括产品市场不完全、要素市场不完全、规模经济和政策措施导致的市场不完全是企业对外直接投资的根本原因，对于跨国公司来说，其所具有的垄断优势是对外直接投资获利的前提条件。只有当母国企业具有包括技术优势、管理优势、资本优势和规模优势等一种或多种东道国企业所不具备的垄断优势，并且这种垄断优势可以抵御跨国经营可能发生的风险，并最终获得满意回报时，母国企业才应该而且可能从事跨国经营（樊增强，2005）。

学者们普遍认为，海默的垄断优势理论奠定了对外直接投资理论研究的基础，对以后对外直接投资理论的发展产生了深远的影响。

2. 产品生命周期理论

产品生命周期理论（Product Life Cycle Theory）是美国哈佛大学教授弗农（Vernon R.）在 1966 年的《产品周期中的国际投资与国际贸易》（*International Investment and International Trade in the Product Cycle*）一文中首先提出的。他认为产品在市场上的营销生命经历开发、引进、成长、成熟、衰退的周期。在不同技术水平的国家，某种产品所处周期的发生时间和过程是不一样的。也就是说，假设某种产品在 A 国处于成熟期，它在 B 国可能处于成长期。正是产品生命周期在不同国家的不一致，导致了同一产品在不同国家市场上具有不同的竞争地位，从而产生了国际贸易和国际投资的需求。因此，弗农认为产品的生产地取决于产品生命周期所处的不同阶段。当产品在 A 国进入成熟期标准化生产阶段时，A 国的厂商就可能增加产品数量，并借助成熟期生产的低成本优势，将产品出口至 B 国。因此，A 国厂商可以在国际产品竞争中获取竞争优势。

3. 国际生产折衷理论

国际生产折衷理论（The Eclectic Theory of International Production）是英国学者邓宁（Dunning，1977）在《贸易、经济活动的区位和跨国企业：折衷理论方法探索》（*Trade Location of Economic Activities and the MNE：A Search for an Eclectic Approach*）中提出的。1981 年，他在《国际生产和跨国企业》（*International Production and the Multinational Enterprises*）一书中又进一步阐述了国际生产折衷理论。国际生产折衷理论认为决定国际企业行为和国际直接投资的核心是所有权优势（ownership）、区位优势（location）和内部化优势（internalization）。企业的所有权优势是指国际化企业在国际市场上拥有的超过其他企业的特定优势，包括技术优势、规模优势、经营管理优势等；内部化优势是指企业内部交易取代市场交易所形成的优势，比如减少市场交易费用并利用企业内部组织来获取交易利润；区位优势是投资国特有的有利于国际化的条件，如基于自然资源、地理位置、市场规模等由要素禀赋所产生的有利条件，基于法律制度、经济政策等社会因素所产生的有利条件等。邓宁认为，在企业具有了所有权优势和内部化优势这两个必要条件的前提下，又在某一东道国具有区位优势时，该企业就具备了国际化的条件，国际化是企业的最佳选择。

4. 内部化理论

内部化理论（Internalization Theory）是以英国学者巴克利（Peter J.

Buckley）和卡森（Mark Casson，1976）基于科斯（R. H. Coase）的交易费用概念在《跨国公司的未来》（*The Future of Multinational Enterprise*，1976）一书中提出的，以解释企业跨国经营的原因，它开创了从企业内部分析国际化的先河。该理论认为，除了不完全竞争的最终产品市场外，也存在中间产品的不完全竞争市场，分工的细化使得中间产品日益重要，而信息的不对称使中间产品通过市场交易的成本较高，因此企业会选择内部化交易以降低交易费用，实现利润最大化。当中间产品涉及全球市场时，跨国公司是企业内部化交易、降低交易费用的最佳途径。这与当时威廉姆森（Williamson，1975）提出的纵向一体化（vertical integration）理论一样，都是基于如何降低交易费用的角度来解释的。

5. 边际产业扩张理论

边际产业扩张理论是日本学者小岛清（Kiyoshi Kojima）基于比较优势等国际贸易理论并结合日本企业国际化的实践，在其1978年的《对外直接投资：跨国经营的日本模式》一书中首先提出。该理论认为一个国家的某些产业在本国已经处于或即将处于劣势地位，成为该国的"边际产业"，而同一产业在另一些国家可能正处于优势地位或潜在的优势地位，这样一国就应从本国已经处于或即将处于劣势地位的边际产业开始依次进行海外直接投资。其结果不仅可以促进母国的产业结构优化，也有利于东道国的产业调整，对两国都产生有利的影响。学者们认为边际产业扩张理论是发展中国家对外直接投资理论的典范，它反映了发展中国家对外直接投资的原因和可供选择的途径，为发展中国家的对外直接投资指明了方向和道路。

以上传统的国际化理论均认为，企业国际化发展是一个渐进的过程。由于特定国家市场的特征、商业环境、文化模式、市场体系结构以及个体客户最重要的特征等不确定性都导致企业遵循渐进的国际化进程，首先通过出口服务于外国市场，然后决定是否在那里投资（Johanson & Vahlne，1977）。而近年来却出现了许多企业在建立之初就开始进行跨国发展，出现了"天生全球化"（born global）企业，这是传统的国际化理论所无法解释的。

6. 国际新创企业理论

国际新创企业理论领域中的开创性研究是奥维亚特和麦克杜格尔（Oviatt & McDougall，1994）的研究，它为新创企业国际化建立一个全面的分析理论开辟了道路（Autio，2005）。奥维亚特和麦克杜格尔将国际新创企业定义为：从企业成立就通过利用多个国家的资源、向多个国家销售产品并积极寻求明显竞争优势的企业组织。奈特和卡夫吉尔（Knight & Cavusgil，1996）则称之为"天生全球化企业"，并指出这类企业为"小型的，通常是技术导向的，从成立之初就进行国际经营的企业"。并且，奈特进一步明确"天生国际化企业"为"一个从成立之初（三年内）就从国际市场的销售中寻求相当部分的收入（海外销售收入占其总收入的比例不低于25%）的企业"。奥蒂奥（Autio，2005）认为国际新创企业通过积极地寻找机会，快速国际化以实现价值增长的企业目标，其竞争优势是建立在跨边界资源组合的基础上。

由于传统的国际化理论对"天生全球化企业"解释力不足，学者们研究尝试以国际新创企业理论来解释这一现象，国际新创企业理论与传统国际化理论相互补充，国际新创企业的扩张更接近于演化思考、组织能力、知识和学习观以及网络理论（Rialp et al.，2005）。

以上理论从国际化动因解释企业的国际化行为，是理解现阶段中国企业国际化的理论基础。

三、企业国际化程度的衡量

对国际化定义认识的不同导致了学者们对国际化程度理解的不同。

学者们在以往研究文献中用不同方式表达国际化程度，如国际化程度、国际多元化程度或多国性，同时，对国际化程度的衡量也出现了多种指标，有学者用单指标衡量国际化程度，也有的学者用综合指标以衡量国际化程度。

1. 单指标衡量法

综合以往文献，学者们运用的单指标有两种：相对比重指标和绝对数值指标。

相对比重指标反映的是国外业务占企业总业务的份额，常用的相对比重指标包括企业海外业务收入占总收入的比重（foreign sales to total sales，FSTS）、海外资产占总资产的比重（foreign assets to total assets，FATA）、海外雇员人数占总雇员人数的比重（foreign employees to total employees，FETE）、海外子公司占子公司总数的比重（overseas subsidiary to total subsidiary，OSTS）等，相对比重指标反映企业国外业务的重要程度。杨一尘、余颖（2008）、王国顺、胡莎（2006）等学者认为中国企业处于国际化初级阶段，制造业企业的国际化经营主要是出口活动，所以他们选用了企业海外业务收入占总收入的比重（FSTS）作为国际化程度的衡量标准。陈立敏、刘静雅和张世蕾（2016）也支持这种观点，认为企业海外业务收入占总收入的比重（FSTS）既是最常用、最直接反映企业国际化程度的指标，又具有良好的数据可得性。因此，在研究中，他们也选择了FSTS作为企业国际化程度的衡量指标。

绝对数值指标反映的是企业国际化扩张的状况，学者们常用的绝对数值指标企业包括海外子公司的数量（number of overseas subsidiary，NOS）、海外子公司分布国家的数量（number of countries where overseas subsidiaries are established，NCOS）等，这些指标侧重于从子公司的角度反映企业的国际化程度。

相对比重指标和绝对数值指标分别从业务角度和子公司角度反映企

业的国际化程度，从业务角度看，FSTS 反映了企业销售收入对海外市场的依赖程度，FATA 反映企业在全球的资产分布；子公司角度的两个指标 NOS 和 NCOS 则反映了企业国际化的区位成本和收益的分散程度。也有研究选择了两类指标共同反映企业国际化程度，比如国务院发展研究中心企业研究所中国企业国际化研究课题组选择了海外经营比重和全球网点数两个指标来衡量企业的国际化经营程度。

2. 综合指标衡量法

国内学者鲁桐（2000）认为应该从跨国经营方式、财务管理、人事管理、跨国化指数、组织结构和市场营销六个角度综合衡量企业国际化程度，因此他提出了国际化蛛网模型，并用直观的蛛网图形方式描述企业国际化程度的影响因素，如图 1 - 2 所示。该模型通过对影响企业国际化六个指标的因素进行分析，并对影响因素进行赋值，综合得出企业

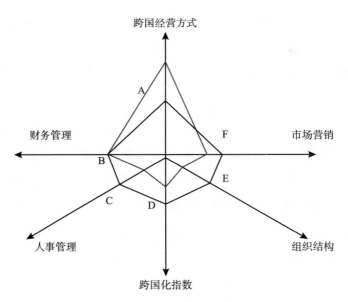

图 1 - 2 企业国际化蛛网模型

资料来源：鲁桐. WTO 与中国企业国际化 ［M］. 北京：中共中央党校出版社，2000.

国际化程度。同时，该模型通过对企业国际化经营六个方面进行定量分析，能进一步揭示不同企业国际化在跨国经营方式、财务管理、人事管理、跨国化指数、组织结构和市场营销六个方面存在的不同特征。

杨丽丽、江心英和赵进（2011）认为国际化程度的测量应该同时反映企业国际化的深度和广度。他们运用海外业务收入占总收入的比重（FSTS）、海外资产占总资产的比例（FATA）、海外雇员人数占总雇员人数的比重（FETE）和海外机构占全部机构的比例（FOTO）反映企业国际化深度，运用企业海外销售的市场离散度（FSDP）以及海外区域市场与母国的心理距离反映国际化广度。

王福胜、孙妮娜和王虹妹（2009）综合以往研究，认为衡量企业国际化程度的三个维度是国际化绩效、国际化结构和国际化态度。其中，国际化绩效维度常用海外业务收入占总收入的比重（FSTS）衡量，它反映的是企业在海外市场的表现，同时也反映企业在多大程度上依赖海外市场；国际化结构维度可以用企业海外长期股权投资占其净资产的比重、海外长期股权投资占其总资产比重及海外子公司数占全部子公司数的比重衡量，它反映的是企业拥有的海外资源；国际化态度维度可采用国际营运的心理分散度和拥有分支机构的国家数目反映，它衡量的是管理层对海外运营的态度和倾向。

崔影慧、魏娟（2007）提出了构建中国企业国际化程度衡量指标的三个价值取向，并构建了一个基于动态演进的中国企业国际化程度评价指标体系，如图1－3所示。该指标体系显示企业国际化程度由内向国际化程度、外向国际化程度和全球一体化程度三个相互联系、不可分割的指标构成。正如前文提到的，企业内向国际化为其外向国际化提供基础，是外向国际化带的途径，其目的是增强企业竞争力以能适应外向国际化的要求；外向国际化是企业全球一体化经营的桥梁，是全球一体化的必然阶段，而全球一体化经营是企业国际化经营终极目标，因此三者相辅相成，密不可分。在此基础上，崔影慧、魏娟等进一步分别选择若干指标衡量内向国际化程度、外向国际化程度和全球一体化程度，构成了企业国际化程度评价指标体系，如图 1–3 所示。

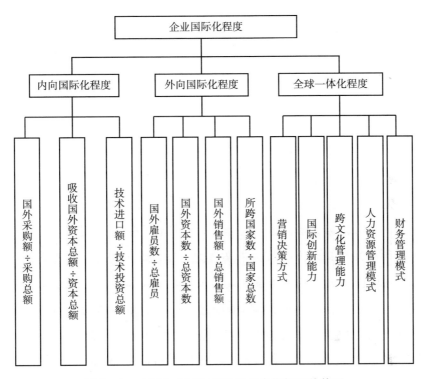

图 1–3　中国企业国际化程度综合指标评价体系

资料来源：崔影慧，魏娟. 中国企业国际化程度评价指标体系的构建［J］. 统计与决策，2007.

　　综上所述，现有相关研究主要采用单指标和综合指标衡量企业国际化程度。尽管多维度的综合指标能够较好地衡量企业国际化程度，但受数据可获得性等因素的限制，绝大多数研究采用海外业务收入占总收入的比重，也就是 FSTS（杨一尘、余颖，2008；王国顺、胡莎，2006；陈立敏、刘静雅和张世蕾，2016）或其他单一指标衡量企业国际化程度。

四、企业国际化路径

1. 企业国际化模式的影响因素

关于企业国际化路径，大量文献强调"特定国家市场的特征、商业环境、文化模式、市场体系结构以及个体客户特征"等不确定性因素可能导致企业遵循渐进的国际化进程，通过出口服务于外国市场，然后决定是否在那里投资（Johanson & Vahlne，1977；Kulkarni，2001；P. Conconi，A. Sapir & M. Zanardi，2016）。库尔卡尼（Kulkarni，2001）分析了企业进入国际市场模式的影响因素，指出影响跨国公司国际化运营决策的三大因素是国家宏观环境不可预测性、潜在或现有竞争者行为的不可预测性和交易方的机会主义行为，库尔卡尼将这三种不确定性分别界定为初级不确定性、竞争不确定性和行为不确定性，他认为不确定性的类型及程度是企业选择国际市场进入模式的重要考虑因素。企业在做国际化路径决策时，必须要决定是通过出口还是子公司服务于国外市场。根据就近集中取舍效应模型（Proximity-concentration Tradeoff）（Markusen，1984；Brainard，1997；Helpman et al.，2004），公司通过出口服务国外市场需承担较高的贸易成本，但节省了建立外国子公司的成本；公司通过对外直接投资承担了设立子公司的成本，却节省了贸易成本。在这种情况下，不确定性可能导致企业在参与对外直接投资之前开始通过出口服务于外国市场。因为面对不确定性，公司可能首先通过出口服务于国外市场以小规模地"测试"国外市场，如果能在国外市场获得足够大的利润，则会选择在国外建立生产设施或分销网络以减少出口的贸易成本。近来的研究强调生产率差异对解释企业出口和FDI选择的重要性。赫尔普曼（Helpman，2004）将公司异质性理论（Melitz，2003）引入就近集中取舍效应模型，研究表明较高的对外直接投资

（FDI）固定成本会产生选择效应：最有生产率的公司从事 FDI，生产率最低的企业只有选择本国市场，生产率介于两者之间的企业可能选择出口。康科尼等（P. Conconi, A. Sapir & M. Zanardi, 2016）通过模型验证了当公司不确定其在国外市场的盈利能力时，可能在进行对外直接投资之前通过出口进行实验；进一步研究表明，企业开始在外国投资的概率随着该国出口经验的增加而增加，在更加不确定的目的地，公司延迟对外直接投资进入，在建立外国子公司之前进行更长时间的出口试验。张天顶、邹强（2016）以中国工业企业数据库中制造企业为研究对象，考察了中国企业通过出口或对外直接投资两种模式进入全球商品市场的选择效应，实证研究表明：样本中企业在出口模式下的选择效应表现得相对较弱，在传统行业中甚至表现出一定程度的"生产率悖论"；在对外直接投资模式下生产率的选择效应在统计学意义上显著，且在高新技术行业中这种选择效应表现得更为明显；传统行业企业采用对外直接投资模式取决于企业的利润率水平以及前期在出口市场准备等因素。

2. 基于全球价值链的企业国际化升级路径

企业的国际化过程本质上是企业利用国际市场实现升级的过程。与发达国家相比，中国企业的劳动生产率及产品附加值较低，处于全球价值链中低端，为了提升企业的国际竞争力并最终提升国家综合实力，企业必须尽早成功实现升级，增强其技术创新能力，不断提升劳动生产率，向全球价值链中高端发展。

关于企业升级的定义，学术界没有统一的界定。但是较多学者从全球价值链角度界定企业升级。20 世纪 90 年代末，格列夫（Gereffi, 1999）基于全球价值链，认为企业升级是一个企业或经济体迈向更具获利能力的资本和技术密集型经济领域的过程。随后，一些学者对企业升级展开研究。汉弗莱和施米茨（Humphrey & Schmitz, 2000）认为企业升级是企业通过获得技术能力和市场能力，以改善竞争能力以及从事高附加值的活动。他们从价值链的角度阐述了对于发展中国家的企业或企业群，其升级方式有过程升级、产品升级、功能升级、部门间升级四种不同的类型。开普林斯基（Kaplinsky，2001）认为企业升级是企业制造更好产品、更有效地制造产品或者是从事需要更多技能的活动。开普林斯基和雷德曼（Kaplinsky & Readman，2005）进一步提出了开普林斯基（Kaplinsky）升级指数以衡量企业出口产品的升级状况，他们认为，某一种产品升级与否取决于该产品相对价格和市场份额的变化，（1）产品相对价格和市场份额都实现上升，表明该产品实现了升级；（2）产品相对价格和市场份额都出现下降，表明该产品出现了降级；（3）产品相对价格上升而市场份额下降，或产品相对价格下降而市场份额上升，则无法判断其升降级情况。以上述理论为基础，开普林斯基和雷德曼（Kaplinsky & Readman）提出了开普林斯基升级指数（Kaplinsky – Upgrade – Index）和开普林斯基降级指数（Kaplinsky – Downgrade – Index），他们假设某一国家 n 共有 K 种商品，从 t – 1 到 t 时期，该国出口产品的开普林斯基升级指数表示为：

$$\text{Kaplinsky} - \text{Upgrade} - \text{Index}_{t,t-1}^{n}$$

$$= \frac{\{\sum_{i=1}^{K} S_t^{ni} \mid RRS_{t,t-1}^{ni} > 1 \cap RRP_{t,t-1}^{ni} > 1\}}{\sum_{i=1}^{K} S_t^{ni}}$$

其中，开普林斯基升级指数的范围为 ［0，1］，指数越大表示国家 n 越多商品实现升级，指数为 1 表明国家 n 的所有商品都实现了升级，指数为 0 表明 t 时期国家 n 中没有商品实现升级。

同理，国家 n 从 t – 1 时期到 t 时期的开普林斯基降级指数表示为：

$$\text{Kaplinsky} - \text{Downgrade} - \text{Index}_{t,t-1}^{n} =$$

$$\frac{\{\sum_{i=1}^{K} S_t^{ni} \mid RRS_{t,t-1}^{ni} < 1 \cap RRP_{t,t-1}^{ni} < 1\}}{\sum_{i=1}^{K} S_t^{ni}}$$

其中，开普林斯基降级指数范围也为［0，1］，指数越大表示国家n越多商品出现降级，指数为1表明国家n的全部商品都处于降级状态，指数为0表明t时期国家n中没有商品降级。

普恩（Poon，2004）、格列夫（Gereffi，2005）、程惠芳（2009）等学者也认可基于全球价值链界定企业升级。普恩认为制造商从生产劳动密集型的低价值产品转向生产更高价值的资本或技术密集型产品的经济角色转移过程就是企业升级过程；格列夫从三个角度界定企业升级，第一，从国家和企业角度，升级是指企业在全球生产网络中，从价值链的低端向高端移动的过程；第二，从生产的产品角度，升级是指产品向全球价值链的更高端转移；第三，从产业角度，升级是指产业从劳动密集向资本密集、技术密集和知识密集转移；程惠芳认为企业升级是企业的产品、技术、品牌等从较低等级升到比较高等级的过程，企业升级与企业管理制度、市场竞争、技术创新和技术进步具有紧密的联系，但是企业升级的主要支撑力量是企业的技术创新和产品的创新能力。

部分学者侧重从产品角度界定企业升级。波特（Porter，1990）认为企业升级是一个过程，这个过程制造更好产品、生产更有效率或者转入技术含量更高活动从而能获得更高的回报。林桂军、何武（2015）认为升级必须满足两个条件：一是企业能够生产差异化、具有一定垄断性的产品，其价格高于与其有竞争的类似产品；二是产品的高价并未阻碍产品市场份额的扩大，其市场份额呈现不断增长的趋势。毛蕴诗、张伟涛和魏姝羽（2015）认为企业升级是企业为提高持续竞争能力以及产品、服务的附加价值，寻找新的经营方向而不断变革的过程，是产业升级的微观层面和最终落脚点。

企业通过国际化经营进入国际市场，整合全球资源进行技术创新，其效率和效果远高于封闭环境下的技术创新，并能使技术创新产出契合国际市场需求，提升产品的自主创新能力和市场竞争力。另外，升级后企业通过纵向一体化实现国际化经营，使发达国家企业可能成为本土企业集团中一员，通过"干中学"学习发达国家先进的制造技术、管理手段、营销方式等，并进一步通过子公司将技术、管理手段反馈母公司实现母公司市场、管理、技术、产品的升级。

企业的国际化升级路径离不开全球价值链理论。较多学者从全球价值链角度研究企业的国际化升级路径。全球价值链（global value chain）是指在全球范围内为实现产品或服务的价值而连接生产、销售、回收处理等过程的全球性跨国企业网络组织，涉及从采购和运输原材料到生产和销售半成品和成品直至最终在市场上消费和回收处理的整个过程（UNIDO①，2002）。波特（Porter，1985）指出企业是一个集合体，这个集合体需要进行设计、生产、销售、发送和辅助其产品等种种活动，这些所有活动可以用价值链表明。社会分工的细化使得企业的生产过程逐渐分割，而在经济全球化背景下，分割后的生产过程可能出现"国际离散"从而导致形成企业的全球生产体系，并在参与生产过程的各个国家或地区形成全球性的生产网络。因此，在各参与国或地区之间形成了一个基于产品的价值创造和实现的"全球价值链"（Gereffi，1999；Humphrey & Schmitz，2000）。

基于全球价值链角度，诸多学者对企业的升级路径展开研究。阿姆斯登（Amsden，1989）认为由委托代工制造（OEM）到研发设计（ODM）到最终建立自主品牌是新兴工业化国家（地区）企业实现升级的路径。格列夫（Gereffi，1999）以东亚服装企业在全球价值链中的生产模式为研究对象，得出了类似于阿姆斯登（Amsden）的结论，指出了企业从委托组装（OEA）和委托加工（OEM）到自主设计和加工（ODM），最后到自主品牌生产（OBM）的国际化升级过程。汉弗莱和施米茨（Hupphrey & Schmitz；2000，2002）提出了企业升级包括过程升级、产品升级、功能升级和跨产业升级四种类型。其中，过程升级是

---

① UNIDO：United Nations Industrial Development Organization 联合国工业发展组织。

通过重组生产体系，使投入转化为产出更有效率；产品升级是通过引进更先进的生产线以增加产品的附加值；功能升级是指获取新功能或放弃现存功能；跨产业升级是将一种产业的知识运用于另一种产业以实现升级。开普林斯基和莫里斯（Kaplinsky & Morris，2004）研究发现，很多企业在升级过程中呈现一种相似的阶梯式发展路线。企业升级往往先从过程升级开始，其后逐步实现产品和功能升级，最后才实现价值链升级。纳德维和哈尔德（K. Nadvi & G. Halder，2002）以德国和巴基斯坦两个企业集群为案例研究升级，他们基于成本竞争、质量标准、新产品发明等角度比较分析了两个企业集群采取的升级策略和升级模式。面对市场激烈的成本竞争，德国集群企业主要使用节约劳动设备以实现过程升级、运用新技术生产更先进产品以实现产品升级、从事销售和服务活动以实现功能升级等手段实现升级，巴西集群企业则主要采用改善生产组织和提高产品质量分别实现过程升级和产品升级；恩斯特（Ernst，2003）比较了韩国、中国台湾地区、新加坡、马来西亚的电子信息产业企业的升级路径，发现韩国电子企业实现升级的途径主要是开发自主品牌消费产品（产品升级）和通用高精度零部件的大规模生产（技术升级）；而台湾企业的升级路径是快速进入某个特定产品市场，通过委托加工和自主设计加工合同为全球品牌领导者提供产品，最终提高企业的专业化水准和效率；新加坡和马来西亚的企业升级主要依赖于全球生产网络旗舰企业的直接投资。

国内学者梅丽霞和柏遵华等（2005）、毛蕴诗和汪建成（2006）、梅述恩和聂鸣（2007）、查志强（2008）、毛蕴诗等（2009）、杨桂菊（2010）等均基于不同角度和不同案例公司研究了基于全球价值链的企业升级路径，基本得出了与国外学者相似的研究结论，认为企业应遵循由委托加工到自主设计加工到自主品牌生产升级的演进路径。杨桂菊以捷安特自行车、广东格兰仕和浙江万向集团三家本土委托加工企业进行跨案例研究发现，企业升级的过程也就是加工贸易企业核心能力不断提升的过程，同时也是其企业价值链不断扩展的过程，在案例研究的基础上，杨桂菊总结了代工企业升级路径的理论模型，表明代工企业升级的过程是代工企业在"核心能力"不断升级的基础上，扩展其"价值链活动"范围的过程。其理论模型如图1-4所示。

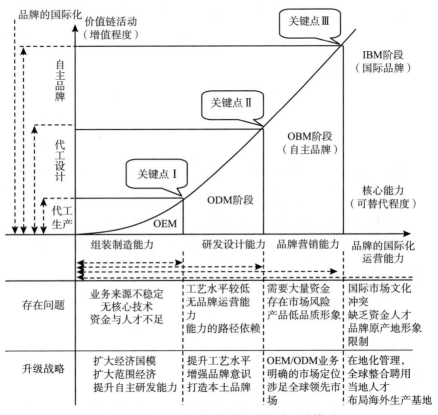

图1-4　代工企业升级演进路径的理论模型

资料来源：杨桂菊. 代工企业升级：演进路径的理论模型［J］. 管理世界. 2010（6）：132-142.

同早期企业成长阶段理论相比，杨桂菊构建的理论模型既对委托加工企业在升级各阶段"存在的问题"以及"升级战略"进行了具体分析，又总结归纳了委托加工企业升级过程中的能力演进路径：组装建造能力—研发设计能力—品牌营销能力—品牌的国际化运营能力，并进一步归纳总结如何构建这些能力，该模型为委托加工企业提供了升级的理论依据。

程虹、刘三江和罗连发（2016）基于对 570 家企业 4 794 名员工入企调查数据分析，认为加快中国企业升级的路径应重点关注四个方面：（1）创新型企业家精神的形成；（2）从"速度盈利型模式"向"质量盈利型模式"的转变；（3）加大企业人力资本投资以形成人力资本红利；（4）持续提升技术创新能力。

尽管有许多学者支持企业基于全球价值链的升级路径，然而部分学者对企业是否应该通过 GVC 实现升级持不同观点（Hupphrey & Schmitz，2004；Lizbeth，2011）。学者们研究发现，虽然发展中国家的企业加入了全球价值链成功实现了产品升级和过程升级，但是往往发展中国家企业升级被限制在低附加值的活动中，使其难以实现功能升级和跨产业升级。事实上，施米茨（Hubert Schmitz，2004）认为由于受制于全球价值链方式，发展中国家的制造业是否能成功沿着委托加工模式嵌入全球价值链实现产品设计、品牌建立及营销功能升级的产业升级道路，尚无明确定论。

企业通过国际化升级，其模式并非基于全球价值链升级一条路，不同企业根据自身特点选择适合的升级路径是企业升级成功的关键。很多学者研究了企业通过学习国际优秀企业的经验实现升级。杨桂菊、刘善海（2013）对国内汽车制造企业"比亚迪"进行了跟踪案例研究，"比亚迪"从电池代工起家，到拥有自主品牌的中国汽车制造商，成功地实现了企业升级。杨桂菊等研究发现加工贸易企业通过模仿学习、建立网络联系、技术创新和国际化行为实现战略性创业，有助于推动其升级。

综上所述，现有研究基于全球价值链视角，一般将企业升级的路径概括为委托加工—自主设计加工—自主品牌生产的发展过程。但学术界尚未形成系统的、普遍意义的企业国际化升级路径。究其原因，一是因为不同学者的研究视角不同，因此对企业国际化升级路径有不同的理解，有些学者基于全球价值链研究，有些学者基于"干中学"的角度研究；二是因为不同企业资源禀赋与所处环境不同，很难有适用于所有企业的统一的国际化升级路径。

五、企业国际化风险

1. 企业国际化风险种类及其产生原因

从 1975 年北欧学者约翰森（Johanson）等开始，很多学者对企业国际化经营的阶段、模式、风险等展开了研究。米勒（K. D. Miller，1992）将企业国际化经营的不确定性分为环境不确定性、行业不确定性和公司不确定性三类，并根据这三类不确定性提出了一体化风险管理框架。克劳斯（Kelth D. Brouthers，2003）等设计了对国际风险的测评方法，使公司在不同国家从事经营时可以对环境风险的感知进行评估。段文娟、聂鸣和张雄（2007）将全球价值链下产业集群升级风险分为内生性风险与外生性风险。他们认为全球价值链下产业集群的内部原因所积累的升级风险是内生性风险，内生性风险是集群升级受阻的内在原因；全球价值链下产业集群外部原因所导致的升级风险是外生性风险，它是集群升级受阻的外在原因。内生性风险形成的根本原因在于集群企业包括战略决策能力、技术能力、创新能力、市场开拓能力、融资能力、资源整合能力等在内的自身能力不足，外生性风险存在的原因需要围绕全球价值链进行分析。聂名华（2009）认为中国对外直接投资规模的扩大导致跨国企业面临的风险日益增加，他从国家政治风险、恐怖主义与民族主义风险、政策与法律变动风险、汇率变动与汇兑风险、投资决策与经营风险、文化冲突风险、管理体制与道德风险等方面进行分析，以提升企业对外投资风险管理的意识和水平。吕景胜（2012）认为在进行海外投资的国际化过程中，企业面临着海外财产风险、海外人员人身安全风险、海外货物销售风险和投资国国家主权债务危机风险，国际化企业应该制定相应措施恰当应对国际化风险。

关于国际化风险的成因和治理，学者们也从不同角度进行了研究。周枝田（2010）认为委托加工企业嵌入全球价值链体系的主要风险可能源自企业产能过剩及商品价值下跌的压力，或源自企业陷入激烈的竞争或企业创新能力与生产能力的提升不匹配。陈明森、陈爱贞和张文刚（2012）对中国 221 家制造业上市公司的实证研究表明，企业的价值链期望值呈倒"U"形曲线，也就是"哭泣曲线"。面临"哭泣曲线"，多数理性的风险中性者进入产业升级风险系数最小、期望值最大的生产加工环节，因此发展中国家产业垂直升级出现低端锁定效应，被"锁定"在低附加值的制造加工环节，即使嵌入全球价值链也难以获得核心技术。只有培育企业家冒险精神，改变其决策偏好，并努力提升企业升级能力，才能使我国企业突破产业垂直升级低端锁定。林素燕（2012）从内部控制角度基于美国反虚假财务报告委员会下属的发起人委员会（COSO 委员会）的监督模型研究了"走出去"企业升级的风险控制，认为通过"走出去"实现企业升级过程中，面临更复杂的不确定性，为了防范风险，应该从建立监督基础、完善监督程序、及时评估报告监督结果三方面加强对企业内部控制的监督，这将有助于企业升级的风险控制。姜华欣（2013）通过分析对外直接投资面临的国际环境，从国际环境角度分析国际化风险的产生原因包括世界经济增长动力虚弱、跨国并购企业整合难度大、全球投资和贸易保护主义出现抬头趋势、企业境外经营安全受到多重威胁等。李友田、李润国和翟玉胜等（2013）以能源型企业为研究对象，提出积极开展能源行业海外投资是中国能源型企业发展的必由之路，中国能源型企业在海外投资过程中遭遇各种风险，尤其是非经济风险日益突出。徐伟等（2014）研究了制造企业服务化的风险及风险评价方法，认为制造企业服务化过程中不可避免地面临着法律、经济、技术、质量、社会等方面风险因素的制约和影响。袁天荣、杨宝（2014）分析了中国企业海外并购整合风险的诱因机理，结合并购动态流程深入研究了海外并购整合风险衍化的起点、路径及关键影响因素；最后从治理导向、治理策略、关键措施三个层面提出了海外并购整合风险的治理思路。

2. 企业国际化风险的影响因素

企业国际化面临的风险受到多种因素的影响，这些因素包括心理距离、政治因素、汇率因素、文化差异和其他因素。

（1）心理距离。

心理距离是指国际化企业与国际市场进行信息交流的各种阻碍因素的总和，诸如语言、教育、文化、商业惯例和工业发展等方面的差异都是属于心理距离的范畴。约翰森和瓦德协姆（Johanson & Wiedersheim，1975）认为企业在国际化扩张初期会倾向于选择心理距离较近的国家和地区，随着国际化的发展，慢慢向心理距离较远的国家和地区扩张。之后，约翰森和瓦尔尼（Johanson & Vahlne；1977，1990，2009）提出了著名的乌普萨拉阶段模型（The Uppsala Model），认为企业国际化是一个渐进的过程，经历从偶然的出口、代理出口、建立海外销售机构、海外直接生产四个阶段的国际化过程。以科格特和辛格（Kogut & Singh，1988）、奥格雷迪和莱恩（O'Grady & Lane，1996）为代表的学者尤其关注"心理距离"对企业国际化经营的影响，认为随着母国与东道国心理距离增加，企业会更愿意选择合资或绿地投资而非收购其他企业作为国际化的路径。心理距离越远，说明母国和东道国之间在经济发展水平、教育水平、相关法律制度、商业惯例、文化、语言等方面的差异越显著，这些差异进一步提高了企业进入海外市场的不确定性和经营风险。因此，为了降低风险，企业在国际化初级阶段往往选择进入心理距离较小的市场，其后，随着国际化经验的提高，企业承担风险的能力得以提升，才慢慢考虑选择心理距离更大的市场。

（2）政治因素。

政治因素是企业跨国经营的重要影响因素。经济学人智库组织（Economist Intelligence Unit）在 2007 年的研究报告中提出政治风险是影响企业国际化经营的最大威胁。斯蒂芬（Stefan，1971）、博迪温和克拉科（Boddewyn & Cracco，1972）、韩德尔、杰拉尔德和罗伯特（Haendel，Gerald & Robert；1975）、西蒙（Simon，1984）、加蒂尼翁和爱德森（Gatignon & Anderson，1986）、博迪温和布鲁尔（Boddewyn & Brewer，1994）、亨尼兹和德利奥斯（Henisz & Delios，2001）、巴克利（Buckley，2007）、拉马萨米（Bala Ramasamy，2010）等众多学者从不同角度对国际化企业的政治风险展开研究。学者们普遍认为，国家利益、国家主权等事项，是东道国政府限制国际化企业进行活动的重要影响因素，这容易导致政治风险的发生，而政治变化无法事前预料性又进一步加大了国际化企业的政治风险。其中，韩德尔、杰拉尔德和罗伯特提出了政治稳定性指数（The Political System Stability Index，PSSI）以客观衡量政治风险。他们认为政治经济特征指数、社会冲突指数和政府干预指数共同构成了政治稳定性指数。较多学者研究了政治风险的影响因素，西蒙认为经济发达程度以及对外开放程度是影响国际化经营的重要风险因素，加蒂尼翁和爱德森认为采用合资方式的直接投资具有较高的政治风险，博迪温和布鲁尔认为东道国政府政策越宽松外国直接投资就会越多。另有一些学者研究了东道国政治风险对外商直接投资的影响，亨尼兹和德利奥斯研究表明，企业的海外市场进入模式与东道国的政治因素直接相关。巴克利、拉马萨米研究结果表明贸易联系、文化、资源禀赋等会对境外直接投资产生正向影响。

（3）汇率因素。

影响国际化风险的诸多因素中，汇率因素是国际化企业相比非国际化企业所面临的特有因素，也是一个无法回避的因素，诸多学者对之展开研究，主要从汇率变动的后果（Goldberg & Kolstad，1995）、汇率因素与对外直接投资的关系（Pantzalis，Simkins & Laux，2001；黄万阳，2007；周红梅、曹莹莹，2011；张兴等，2010；夏良科，2012）、汇率风险的影响因素（Pantzalis，Simkins & Laux，2001；张瑞君、徐展，2017）等。戈德堡和科尔斯塔德（Goldberg & Kolstad，1995）对汇率因素进行研究表明汇率的短期波动会增加企业经营成本和收益的不确定性。另外，汇率波动与国际经济环境存在较为复杂的关系，且往往涉及跨国公司现金流的多种变化，因此国际化企业较难单纯依靠套期保值有效管理汇率风险。关于汇率风险的影响因素，潘赞利、西姆金斯和劳克斯（Pantzalis，Simkins & Laux；2001）研究发现汇率风险与跨国公司的运营深度与运营广度相关，运营深度越大的跨国公司越容易遭受汇率风险，运营广度大的跨国公司容易规避汇率风险；国内学者张瑞君、徐展（2017）以2008～2012年期间的数据为样本，研究盈余管理对汇率风险的影响，发现盈余管理可以将由汇率波动引起的公司业绩波动变的平滑，消除了业绩的波动给公司带来的风险。国内学者基于不同国家数据研究了汇率因素对中国企业境外投资风险的影响。黄万阳（2007）研究了汇率水平和波动对中、韩直接投资的影响，结果表明：人民币对韩元的波动程度与中国对韩国直接投资存在显著的正相关关系，而人民币对韩元的汇率水平与中国对韩国直接投资影响并不显著。张兴等（2010）研究了日元与人民币双边真实汇率对日本对华直接投资的影响，结果显示：真实汇率是影响日本对中国直接投资的重要因素。宋杰修（2011）研究人民币汇率与中国对外直接投资的关系，结果表明人民币汇率与中国对外直接投资存在互为因果的关系。郑磊（2011）研究了中国对东盟投资的决定因素，结果显示，包括汇率在内的诸如市场规模、政治风险、技术、资源、失业率、双边贸易等都是影响中国投资东盟的主要因素。夏良科（2012）基于中国、日本、韩国、新加坡的数据，研究汇率对企业对外直接投资的短期冲击和长期影响，结果表明：相比于发展中经济体，汇率对发达经济体企业对外直接投资冲击更大。

（4）制度距离与文化差异。

制度距离、文化差异对跨国经营风险的影响可以从以下两方面展开。

第一，东道国制度。学者们普遍认同东道国制度对企业的跨国经营产生显著影响（Blonigen，2005；Asiedu，2006；Gani，2007；蒋冠宏、蒋殿春，2012；潘镇、金中坤，2015），学者们普遍认为东道国制度缺陷会增加投资者的国际化投资风险，影响投资的预期收益，因此存在制度缺陷的东道国往往不是国际投资的首选国。哈比卜和祖拉维基（Habib & Zurawicki，2002）对 89 个国家的研究印证了这点，他们认为当母国和东道国制度的绝对差异越小，双方越容易适应彼此的制度环境，从而越有利于对外直接投资。但是学者们对中国企业的海外投资得出了不同的结论，有研究表明中国企业对外投资存在利用东道国制度缺陷而谋求利益的现象，也就是说东道国的制度风险不仅没有阻止中国企业对其投资，反而使中国企业从中获利（Kolstad & Wiig，2009）。这点在潘镇、金中坤（2015）的研究中得以印证，潘镇、金中坤通过对 2003～2013 年在 117 个国家直接投资数据的分析发现：总体上看，中国的对外直接投资趋于流向政治关系好和制度风险高的东道国；同时研究发现政治关系和制度风险的效应在发达国家和发展中国家有着明显的差异，在制度风险大的东道国，良好的政治关系减弱了中国企业在东道国经营的不确定性；但在制度风险小的东道国，良好的政治关系仅是作为一种对东道国环境的补充，并没有明显促进对外直接投资的增加。蒋冠宏、蒋殿春（2012）基于 2003～2010 年中国对 107 个发展中国家的对外直接投资数据，发现东道国政权稳定性和监管质量是影响中国对外直接投资进入与否的因素，东道国法制对中国对外直接投资规模产生负面影响，东道国制度质量对中国资源寻求型直接对外投资产生负面影响，东道国政府效率、东道国监管质量或与本国监管质量接近程度与中国对外直接投资正相关。蒋冠宏（2015）基于 2004～2008 年中国 1 852 家有对外直接投资的企业数据，实证检验了东道国制度和文化差异对中国企业对外直接投资风险的影响。研究表明：中国企业对外直接投资的风险高低与东道国政治稳定性、腐败控制程度、政府效率呈反比，也就是说东道国政治越稳定、腐败控制越好、政府效率越高，企业对外直接投资风险越小。张先锋、杨新艳和陈亚（2016）以 2005～2007 年中国工业企业数据库和海关数据库的合并数据库为研究样本，实证检验制度距离对企业出口学习效应的影响。研究结果表明，经济制度距离与出口学习效应显著正相关，而法律制度距离和文化制度距离与出口学习效应显著负相关。进一步的研究表明，文化制度距离对一般贸易企业的出口学习效应具有负效应，而制度距离对加工贸易企业没有影响；文化制度距离对非外资企业具有负效应，而对外资企业的出口学习效应没有影响。

第二，文化差异。每个国家的文化价值通过塑造国家的正式制度和规范企业管理者行为而影响企业风险。不同国家文化差异是影响对外直接投资风险的重要因素，尤其对跨国并购企业而言。较多学者研究了文化差异对跨国并购风险的影响。莫洛西尼（Morosini，1998）研究了 1987～1992 年 52 起并购案例，得出的结论是两国文化差异有助于降低并购风险，并能提升企业并购后的业绩，他们认为尽管企业需要付出融合两国文化差异的成本，但是文化差异导致的文化多样性，有助于企业开发多样化的产品，因此他们的研究结论认为文化差异有助于提升企业绩效。西尔加尔（Sirgal，2012）研究了文化中的平等意识及文化差异对两国企业跨国并购的影响，发现平等意识的差异对跨国并购和股权交易流量有显著影响。

第二节 公司治理的相关研究文献

一、公司治理的产生

古典经济学的开山鼻祖亚当·斯密（Adam Smith）认为企业以专业化和分工促进效率，它通过整合包括资本和劳动力在内的各种生产要素创造财富。新古典经济学的主要代表人物马歇尔（Marshall）指出企业是一种在外部竞争压力和内部利益冲突下通过动态均衡过程而不断演化的组织。传统经济学理论假设企业外部市场均衡，信息完整且对称，交易主体完全理性，不存在任何交易费用，在这样的假设前提下，传统经济学理论认为企业是投入产出的生产函数，它将在市场上按照既定价格购买的各种生产要素作为投入，在满足各种约束条件下通过企业生产将其转换为最大化的产出。企业这一生产函数可以表述为：

假设企业在市场上购买的 n 种生产要素的既定价格为 p_1，p_2，…，p_n，这 n 种生产要素的投入数量分别为 f_1，f_2，…，f_n，Y、C 分别表示产出及成本。在一定成本 C_0 的前提下，企业追求产出 Y 最大化，表示为：

$$\max Y(f_1,\ f_2,\ \cdots,\ f_n)$$

$$s.\,t.\ \sum p_i f_i \leqslant C_0;$$

或者在目标产出 Y_0 时，企业追求成本最小化，表示为：

$$\min \sum p_i f_i$$

$$s.\,t.\ Y(f_1,\ f_2,\ \cdots,\ f_n) \geqslant Y_0。$$

传统经济学理论将企业作为生产函数，在解释企业投入和产出价格变动对最优生产决策的影响以及解释某一个产业整体的行为和企业之间策略相互作用等方面，具有很强的说服力（Tirole，1988）。同时，它既强调技术的作用，又强调企业规模的重要决定因素是规模经济，这具有相当的现实意义。但是它缺乏对企业内部的进一步考察。2016 年诺贝尔经济学奖获得者奥利弗·哈特（Oliver Hart，1995）认为传统经济学在企业理论方面存在三点明显的弱点：（1）忽视了企业内部的激励问题，仅把企业考虑为一个投入产出函数；（2）没有涉及企业的内部组织架构问题；（3）不能令人满意地界定企业的边界问题。①

1937 年，罗纳德·哈里·科斯（Ronald H. Coase）发表的巨作《企业的性质》被认为是现代企业理论的开山之作，它改变了传统经济理论将企业作为"一种投入产出的生产函数"的认识，开创了现代企业理论的研究先河。在这本巨作中，科斯创造性地提出"交易费用"概念，并运用交易费用分析企业和市场交易的效率差异。科斯认为企业通过"中心契约人"与不同要素所有者缔结一个契约，而市场交易需要不同的要素所有者缔结一系列的契约，在这一系列的契约缔结过程中发生大量的包括搜集信息、缔结契约、履行契约与监督契约的执行等在内的交易费用，从而影响市场交易的效率。因此企业通过一个契约取代了市场交易的一系列契约，大大节约交易费用。因此，科斯认为企业和市场是资源配置的两种可以相互替代的手段，但二者效率不同，企业由于大大节约了交易费用而使得效率更高。

20 世纪 70 年代之后，现代企业理论朝着两个方向发展并形成了两大分支：交易费用理论和代理理论。交易费用理论着眼于研究企业与市场的关系，代理理论则着眼于研究企业内部组织结构及企业成员之间的代理问题。这两种理论的共同点是强调企业的契约性，因此又被合称为企业契约理论，其基本观点是"企业是一系列的契约组合（a nexus of

---

① Oliver Hart. 企业、合同与财务结构［M］. 费方域译. 上海人民出版社，2006.

contracts）"。企业缔约主体涉及股东、债权人、管理者、员工、政府、供应商及顾客等，企业缔约主体的多样性决定了"一系列契约的组合"包括股权契约、债权契约、报酬契约、商业契约、税收契约、社会责任契约等。股东、债权人、管理者、员工、政府、供应商及顾客等产权主体通过缔结彼此耦合、相互交叉的一系列契约，形成了企业法人，如图1－5所示。可见企业契约是由多边参与的契约，参与主体具有广泛性和复杂性。

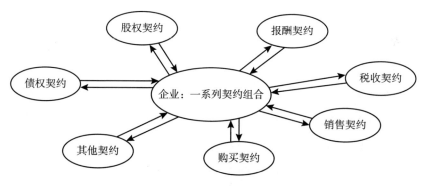

图 1－5　企业契约的联结

资料来源：雷新途．企业集团财务冲突、治理与财权配置研究．清华大学出版社．2015.

创始于 20 世纪 60 年代末 70 年代初的代理理论是近几十年来信息经济学和现代契约理论重要的发展分支和研究领域。阿尔钦和德姆塞茨（Alchian & Demsetz，1972）观察到和市场一样，企业内部同样存在机会主义行为，因此认为从契约角度看，企业和市场没有什么本质的区别。企业的实质是"团队生产"，但是团队成员由于其边际贡献难以测量容易产生"搭便车"的偷懒行为，也就是说存在企业内部机会主义，企业这个"中心契约人"担负着对团队成员"监督"的责任，能较好地抑制内部机会主义行为。阿尔钦和德姆塞茨的团队生产理论实际上将企业契约理论引向了企业内部组织和结构问题，此后逐渐形成了企业契约理论的重要分支—代理理论，代理理论包括"委托代理理论"（Principal-agent Theory）和"代理成本理论"（Agent Cost Theory）。

委托代理理论创始人为威尔逊（Wilson，1969）、斯宾塞和泽克豪泽（Spence & Zeckhauser，1971）、罗斯（Ross，1973）、米尔利斯（Mirrlees；1974，1975，1976）、霍姆斯特姆（Holmstrom；1979，1982）等。代理理论中涉及委托人与代理人。一个人或更多的人（即委托人）聘用另一个人（即代理人）代表他们来履行某些服务，包括把若干决策权托付给代理人，这就形成了委托人和代理人之间的代理关系（雷新途，2009）。在各类经济组织中，代理关系普遍存在。就在所有权和经营权两权分离的企业而言，所有者—经营者（企业高管人员）、高管人员—中层管理人员—员工、债权人—管理者、供应商—管理者之间都普遍存在代理关系。且在不同的代理关系中，委托人与代理人是变换的，比如，所有者—经营者关系（企业高管人员）中，所有者是委托人，企业高管人员是代理人，但是在企业高管人员—中层管理人员关系中，企业高管人员是委托人，中层管理人员是代理人。委托代理理论研究委托人该怎么设计"完备契约"激励和约束代理人以解决内部机会主义，也即代理问题。詹森和麦克林（Jensen & Meckling，1976）提出代理成本理论，其基本观点为企业所有权结构是股东和管理者之间的股权代理成本与股东—管理者和债权人之间的债权代理成本的均衡的结果。在此以后，詹森和麦克林（Jensen & Meckling，1979）、法玛（Fama，1980）、法玛和詹森（Fama & Jensen，1983）以及詹森（Jensen；1983，1986）从更大范围分析了企业各种代理关系及代理成本问题。

在各种代理关系中，"如果双方当事人都是效用最大化者，就有充分理由相信，代理人不会总以委托人利益最大化而行动（Jensen and Meckling，1976）"，于是就产生了委托人和代理人之间的代理问题。一般认为，公司治理是为了解决此类代理问题而产生。

亚当·斯密（Adam Smith，1776）在《国富论》中提到，当公司的所有权与公司的管理权并不完全重合的时候，管理者与所有者之间存在着潜在的利益冲突。公司治理（corporate governance）正是因为这种冲突而设计的确保投资者获得收益的一系列制度安排（Shleifer & Vishny，1997）。伯利和米恩斯（Berle & Means，1932）在其《现代公司与私有财产》中提出公司股权结构分散，股东缺乏足够的能力和意愿监督经营者，导致经营者损害股东利益的可能性会增加，若增加经营者所持公司股份，使他们的利益与股东的利益趋向一致，会减轻经营者对企业利益最大化的偏离。施莱弗和维什尼（Shleifer & Vishny，1997）从代理问题的角度出发，认为公司治理就是研究如何保护投资者利益的机制。所有权和经营权分离所产生的所有者与经营者之间的这种委托代理关系使得早期的公司治理更关注于保护股东的利益。

然而，近二十年来的一系列的金融危机（1997 年亚洲金融危机、2008 年全球金融危机）和诸多的公司财务丑闻（美国安然公司、世通公司等财务丑闻事件）让越来越多的学者重新审视这种观点。钱颖一（1995）认为公司治理结构是用以处理不同利益相关者即股东、贷款人、管理人员和职工之间关系，以实现经济目标的一整套制度安排。这套制度安排涉及如何合理地配置和行使控制权，如何有效监督和评价董事会、经理层和全体员工，如何设计激励机制以有效激励各管理层与员工。良好的公司治理结构能合理利用这套制度安排以降低代理成本。

二十年来，国内外关于公司治理的研究增长迅速，经济学界开始对公司治理问题从各个角度进行研究，出现了大批经典文献，总体来看，公司治理系统一般可以从内部治理和外部治理两方面来综述（Denis & McConnell，2003）。

二、内部治理综述

企业内部治理主要体现为公司治理特征，如股权结构、董事会规模、高管人员激励等。传统的公司治理研究如何设置公司内部治理机制以实现股东财富最大化。一般认为，股权结构是公司治理问题的逻辑起点，公司的股权结构决定了控制股东与分散中小股东之间的关系。在不同股权结构下，公司治理解决的根本问题存在差异：当股权结构分散时，公司治理致力于解决分散小股东和管理层之间的利益冲突；当股权结构集中时，公司治理致力于解决控股股东和小股东之间的利益冲突（Claessens & Fan，2003）。这个问题在很多学者的研究中得以证实。格罗斯曼与哈特（Grossman & Hart，1980）研究表明当公司股权结构过于分散时，小股东的监督收益会低于其监督成本，因此众多的小股东没有足够的动力监督经营者，而监督者权利的弱化导致经营者权利的扩大，进而影响企业绩效。拉·波特、洛佩兹·德·西兰尼斯、施莱弗和维什尼（La Porta & Lopez – de – Silanes，Shleifer，Vishny；1999）、克莱森斯、詹科夫和朗（Claessens & Djankov，Lang；2000）、法乔和朗（Faccio & Lang，2002）研究发现股权集中是大多数国家公司所有权结构的主要形态。克莱森斯（Claessens，1999）等的研究显示，当控股股东与分散的中小股东利益不一致时，控制股东有剥夺中小股东利益的动机和可能性；拉·波特、洛佩兹·德·西兰尼斯、施莱弗和维什尼（2002）认为较好的保护中小股东的利益有利于增加公司价值，因为中小股东权益得到较好保护能激励公司管理者的有效管理，并激励管理者寻找投资机会，但是较差的中小股东保护会导致大股东有侵占中小股东利益的动机，从而可能使公司错失良好的投资机会。

董事会制度能帮助解决公司结构中存在的代理问题，众多学者从不同角度及不同市场对董事会的作用展开研究。埃尔马林和魏斯巴赫（Hermalin & Weisbach，1991）、迈赫兰（Mehran，1995）、克莱因（Klein，1998）等学者对美国市场的研究发现更多的外部董事与公司的优异表现并无显著关系，也就是说会计度量上的公司表现与董事会结构无关。科尔斯（Coles，2008）研究发现公司复杂性影响董事会规模与以托宾

Q 值衡量的公司价值的关系，因此并不存在董事会的最佳规模，忙碌的董事可能更积极维护其声誉资本，董事头衔的增加也在一定程度上导致了董事会规模的扩大。为了加强董事会的独立性，我国上市公司 2001 年开始实施独立董事制度，其后，很多学者检验了独立董事的效果。王跃堂、赵子夜和魏晓雁（2006）检验了董事会独立性、独立董事背景与公司绩效的关系，发现独立董事比例、独立董事的声誉与公司绩效显著正相关，叶康涛、陆正飞和张志华（2007）在控制独立董事内生性的情况下研究了独立董事对大股东掏空行为的影响，发现独立董事能够显著抑制大股东的掏空行为。

关于高管人员层面，对高管人员的激励问题一直是公司治理研究的重点，因此文献大多聚焦在薪酬问题。有关高管人员薪酬制度的理论研究大多来自于契约理论（Mirrlees，1976；Holmstrom，1979；Grossman & Hart，1983），该理论研究如何设置薪酬的具体结构，设计最优的激励合同（incentive contract）以激励高管人员。因此理论界往往以最优合约理论、经理层权力理论和团队生产理论解释高管人员薪酬问题。比如最优合约理论（the optimal contracting approach）认为，高管人员薪酬安排是解决代理问题的一条途径。公司治理差的公司，高管有能力索取高于公正水平的薪酬。这点在阿姆斯特朗、伊特纳和拉克尔（Armstrong，Ittner & Larcker；2012）的研究中得以证实。他们基于美国 2 110 家上市公司数据检验了公司治理对高管薪酬高低的影响，研究发现公司治理差的公司高管薪酬水平较高。国内学者对高管人员薪酬的研究基本聚焦于实证检验高管人员报酬激励约束机制。魏刚（2000）研究结果表明，高级管理人员的年度报酬与上市公司的经营业绩并不存在显著的正相关关系；李维安、刘绪光和陈靖涵（2010）基于 502 家上市公司 2001 ~ 2006 年平衡面板数据的实证研究显示，由于市场对经理才能日益增长的竞争性需求导致高管人员薪酬水平的上升，但公司治理机制并未发挥有效作用。

三、外部治理综述

外部治理方面，法律因素、政治因素等被学者们引入到对公司治理的研究以发现不同制度环境对公司治理模式的影响。

格罗斯曼和哈特（Grossman & Hart，1988）、哈特和摩尔（Hart & Moore，1990）及哈特（Hart，1995）等认为投资者权利既包括合约控制权也包括剩余控制权，而且投资者的这种权利是受法律保护的。这一理论背景导致了公司治理与法律的结合。以拉·波特、洛佩兹·德·西兰尼斯、施莱弗和维什尼为代表的一些学者率先将法律因素引入公司治理研究。公司治理法律解释的基本观点是由于不同国家的法律对投资者的要求和保护程度存在差异，因此不同国家的公司形成不同的所有权结构进而导致不同的公司治理模式。拉·波特、洛佩兹·德·西兰尼斯、施莱弗和维什尼（1998）利用 49 个国家的数据，研究发现股权集中度与投资者法律保护水平呈显著的负相关关系，他们把 49 个国家或地区分成普通法系和大陆法系中的法国法系、德国法系和斯堪德纳维亚法系 3 个子法系共 4 个法系进行进一步研究，发现：对股东提供最好的法律保护的普通法系国家的公司股权结构较为分散；对股东法律保护最差的法国法系国家的公司股权结构较为集中；德国法系和斯堪德纳维亚法系对股东的法律保护程度居中，其公司股权结构也介于普通法系和法国法系之间。

近十几年来，政治关联的治理机理研究逐步成为公司治理研究的"新亮点"，它研究在一定的制度背景下，企业大股东、董事会或者经理层如何通过建立政治联系渠道或关系网络获取相关收益。菲斯曼（Fisman，2001）、克莱森斯、费延和拉文（Claessens & Feijen，Laeven；2008）等对不同国家的研究都证实具有政治联系的公司获得了显著的收益。但是，也有学者的研究结论与其相反。法乔（Faccio，2010）对

47 个国家和地区的研究发现，当会计基础相同时，政治关联公司的业绩要比非政治关联公司差，而且随着政治关联强度增强，这种关系越发显著。有学者研究发现，中国具有政治联系的公司财务绩效表现不如无政治联系的公司，因为往往具有政治联系的公司承担了更多的政治和社会目标。国内很多学者基于中国制度背景对政治关联和企业绩效展开研究。唐松、孙峥（2014）以 2001～2011 年间的非金融 A 股上市公司为样本考察不同产权性质的企业中政治关联对高管人员薪酬的影响，并进一步考察这种影响对公司未来经营绩效的作用，研究发现：不管是在国有企业还是在非国有企业中，政治关联公司的高管人员都获得了显著较高的薪酬。区分产权性质比较，不同产权性质企业由政治关联导致的高管人员超额薪酬对企业未来绩效产生不同影响：国有企业中由政治关联导致的高管人员超额薪酬与企业未来绩效显著负相关；非国有企业中由政治关联导致的超额薪酬与公司未来的经营业绩显著正相关。邓新明等（2014）探讨了民营企业在母国的政治关联对其国际化成长的促进作用与机制。研究发现，民营企业在母国的政治关联对其国际化程度总体上不具有显著的正向作用。但区分国际化维度后，民营企业的母国政治关联对国际化深度具有显著的正向促进作用，但与国际化广度呈显著负向影响；相对于不具有政治关联的民营企业而言，在母国已构建了政治关联的民营企业实施国际化战略更有可能提升公司绩效。

第三节　企业国际化与企业绩效
关系的研究文献

迄今为止，有关企业国际化与其绩效之间关系的理论研究一直是国际化战略领域学者们关注的重点，很多学者对之进行了研究，但是得出了不同的结论，调节因素太多是导致国际化—绩效关系研究结论不一的重要原因（陈立敏、王小瑕，2017）。虽然经典跨国经营理论认为国际化对企业绩效有着积极的影响和提升作用，但大量的经验研究却得出了各不相同的结果：认为国际化和企业绩效之间存在正相关、负相关、"U"形、倒"U"形、水平"S"形、"N"形关系，甚至不相关等各种观点。

　　传统对外直接投资理论认为，如果由于市场不完全导致企业内部组织比外部市场交易有利，跨国公司就会对外扩张并从中获得交易成本优势（Williamson，1975），以在国际市场上实现规模经济。因此，经典跨国经营理论认为国际化对企业绩效产生正面影响，即国际化程度与企业绩效存在正相关关系（Grant，1987；Delios & Beamish，1999）。一些国内学者的实证研究也为这一理论假设提供了支持。王福胜、孙妮娜和王虹妹（2009）从我国 A 股上市公司中筛选 30 家制造业企业为研究对象，研究企业国际化程度和经营绩效的关系，研究结果表明：由国际化的结构、区域分散和海外表现三方面共同作用的企业国际化程度与经营绩效之间存在显著的正向线性相关关系。邓新明等（2014）的研究也认为企业国际化对企业价值总体上具有正向影响，其中国际化深度对企业绩效具有正向的促进作用，但国际化广度与企业绩效存在一定程度的负相关关系。陈立敏、刘静雅和张世蕾（2016）基于制度理论正当性视角和组织场域的模仿同构行为，采用 2009～2014 年中国制造业上市公司数据进行实证分析，结果发现作为新兴经济体中的后发企业，中国企业绩效随国际化程度的变动关系呈现低国际化程度时与绩效负相关、高国际化程度时与绩效正相关的"U"形形态，总体上，中国企业国际化与绩效间关系是正相关关系。

　　有学者研究表明企业国际化程度和经营绩效是线性负相关关系。在研究企业国际化程度与经营绩效关系时，学者们往往较少关注企业国际化的额外成本，认为国际化企业在其国际化前已积累了一定优势，足以克服国际化劣势（Kim et al.，1993）。然而，大量实证研究表明企业国际化存在国际化成本（国际化劣势），且国际化成本对企业绩效会产生不可忽视的负面影响（Kumar，1984；Michael & Shaked，1986；Denis & Yost，2002；Brock & Yaffe，2008）。陈叶婷等（2015）认为尽管企业国际化经营可以利用内部化优势降低交易成本、引发学习效应、发现新的市场机会和获取战略资源等收益，但同时也存在新进入、管理协调和跨国经营风险引发的成本。卢和比米什（Lu & Beamish，2004）也认为企业国际化经营存在国际化劣势，国际化劣势主要包括外来劣势、不熟悉劣势、国际化经营所面临的金融和政治风险、内部协调和激励成本等。正是由于这些国际化成本的存在，迈克尔和谢克德（Michael & Shaked，1986）比较了美国58家国际化企业和43家国内经营（非国际化）企业的绩效，结果发现国际化企业的绩效明显低于非国际化企业。丹尼尔斯和约斯特（Denis & Yost，2002）以FSTS作为国际化程度的衡量指标，证实了随着国际化企业国际化程度的加深，其市值相对于国内企业会有所下降。这可能是因为企业国际化进程处于起步阶段，没有足够的能力来应对国际化进程中的运营竞争等问题所造成的结果，也就是说，企业国际化是有成本的，一旦企业决策不当，国际化的负面影响完全有可能降低或部分抵消国际化正向收益，从而给国际化企业的经营绩效带来不利影响。王国顺、胡莎（2006）基于2004年数据从深沪两地的制造业上市公司筛选出329家出口企业为样本，实证研究企业国际化程度与经营绩效的关系，研究结果表明，制造企业国际化对绩效产生了负向影响，国际化程度与企业的销售净利率和总资产净利率显著负相关。王国顺、胡莎进一步研究指出，整体上中国制造业企业国际化程度与绩效是负相关关系，但细分到子行业后发现，医药行业的情况与大多数其他行业的情况不同，可能是由于医药行业相对于其他行业属于资本、技术密集型行业，医药企业的国际化程度与其绩效是显著的正相关关系。这反映了中国出口结构调整的趋势和必要性，即要从出口劳动密集型产品为主转向出口技术、资本密集型的产品为主。

　　由于企业国际化既能带来收益，也会产生国际化成本，因此，丹尼尔斯和布拉克（Daniels & Bracker，1989）、希特等（Hitt et al.，2006）等学者都认为，国际化程度与企业绩效之间并不是存在单调的线性关系，而是呈倒U形关系，国际化扩张过程中的不同阶段，存在国际化收益的增加超过成本的增加的情况，在另一阶段，可能存在国际化成本大于国际化收益。因此，这些学者认为企业国际化是渐进的演化过程。在国际化扩张的初期，企业通常会进入与母国文化和体制相似或相近的市场环境，以尽快适应国际市场，降低国际化成本，较快获得规模经济和区位优势带来的收益；在具备一定的国际化经验后的海外扩张过程中，企业将逐步拓展文化差异较大的市场，随着文化差异增大、环境的复杂化多元化、企业的管理成本与监督成本的急剧上涨，导致国际化成本超过国际化收益。因此，这些学者认为国际化程度与企业绩效呈倒U形关系且存在一个国际化拐点—企业绩效达到最大值的某一国际化水平。丹尼尔斯和布拉克（Daniels & Bracker，1989）对企业国际化拐点进行研究，他们采用1974～1983年的数据研究了美国八个行业116家企业，根据FSTS、FATA的百分比把研究样本分为国际化程度由低到高的六个组（0%～10%、10%～20%、20%～30%、30%～40%、40%～50%和50%以上），考察了各组企业绩效均值的变化，发现国际化拐点位于50%以上的区间内，但具体的数值与不同产业相关。

　　鲁格洛克和瓦格纳（Ruigrok & Wagner，2003）、金（Kim，2015）、希瑟和阿塞姆（B. Heather & K. Aseem，2016）、张晓涛和陈国媚（2017）等学者认为企业国际化程度和绩效之间存在"U"形关系。也就是说，当企业在国内经营达到较好绩效时，为了获取更多收益开始考虑进入国际市场，因此企业开始国际化进程时往往绩效较高，随着国际化成本的发生，尤其是适应阶段，由于自身知识经验和竞争力原因使得国际化成本处于高水平，因此在适应阶段企业绩效逐渐下滑，一直至最低点，之后随着企业国际化经验的提升，国际化成本逐渐降低，企业绩效逐渐恢复到较高水平，于是企业国际化程度和绩效之间存在"U"形关系。鲁格洛克和瓦格纳（Ruigrok & Wagner, 2003）以84家德国汽车、化工、金属冶炼、机械行业制造企业大型跨国公司1993～1997年间的数据为研究对象，验证了企业国际化程度和绩效之间存在"U"形关系。金（Kim, 2015）利用1993～2003年436家韩国制造业企业的数据研究发现，东道国的资源状况对企业国际化与其绩效产生不同的影响，当企业在资源贫乏的东道国进行国际化时，国际化与绩效呈现正相关关系；当企业在资源丰富的东道国进行国际化时，两者则呈"U"形曲线关系。张晓涛、陈国媚（2017）以我国上市制造业企业为样本实证检验国际化程度与企业绩效的关系，其结论也支持两者呈"U"形曲线关系。

　　针对不同研究得出的不同结论，一些学者试图提出一个通用的理论模型以解释企业国际化及其绩效的关系。在前人的一系列研究中，很多学者的研究分析和结果都已经隐含了对"S"形关系的预测（Lu & Beamish, 2004；Nielsen, 2010；杨一尘、余颖, 2008）。卢和比米什（Lu & Beamish, 2004）追踪1986～1997年1 489家日本国际化企业的数据后得出，由于企业的国际化经营既有收益也有成本，在不同阶段其净收益不同，从总体来看，企业国际化对其绩效的影响表现为S形曲线。尼尔森（Nielsen, 2010）分析了2002～2004年165家瑞士企业的数据，结果显示企业绩效随国际化程度的加深，呈现先下降后上升再下降的曲线。国内学者杨一尘、余颖（2008）研究结果表明我国制造业企业国际化程度与经营绩效的关系近似于"S"形关系模型，他们认为国际化程度在国际化初期对经营绩效的影响最大，随着国际化深入，其对企业绩效影响会逐渐减小，国际化经营与经营绩效存在一个慢慢增大的正影响，此后国际化程度达到非常高时，随着国际化程度加大，企业经营绩效降低。汪戎、谢彦明和纳鹏杰（2016）研究了企业国际化与绩效关系，结果表明企业国际化程度与绩效呈水平"S"形曲线，企业技术效率和规模效率对国际化与绩效关系起到显著的正向调节作用。

鲁格洛克（Ruigrok，2007）以国际化程度较高的87家瑞士企业为样本，也发现国际化—绩效间呈现三次项系数为正的"N"形曲线关系。埃兰戈（Elango，2013）以及鲍威尔（Powell，2014）分别以207家和102家美国企业为样本，同样得到二者呈"N"形曲线关系的结论。

也有学者通过实证研究发现，企业国际化程度与经营绩效之间关系不显著。荷兰学者亨纳特（Hennart，2007）从交易成本角度完全否认了国际化与企业绩效间存在任何直接或普遍的系统关系。默克和杨（Morck & Yeung，1991）关于1 644家企业托宾Q值的分析也表明，国际化本身对企业市场价值没有显著影响，它只在研发费用与广告投入对企业价值的提升中起正向调节作用。国内学者杨丽丽、江心英和赵进（2011）在基于江苏制造业企业进行的国际化与企业绩效的关系研究发现，由于企业资源与能力的异质性以及国际化战略的多样性，国际化是否一定能够提升企业的绩效很难得出定论。基于225家江苏制造业企业的实证检验表明，具有一定资源优势的江苏制造业企业能够通过提高国际化广度来提升企业的绩效，而国际化深度与企业绩效之间的关系则不显著。

第四节　文献述评

本章从企业国际化、公司治理及国际化与企业绩效的关系三个角度对本书主题相关已有理论和实证研究进行梳理分析，发现有以下特点和值得进一步研究的问题。

第一，关于企业国际化的内涵，如文献指出，企业国际化尚无明确的、统一的定义，且企业国际化的衡量标准亦无法统一，有单指标衡量，也有综合指标衡量，两者各有利弊，衡量指标的不同可能是导致实证检验出现不同研究结果的原因之一。另外，现有文献缺乏对企业国际化过程的研究，作为一项动态研究，对企业国际化过程的研究有助于发现企业在国际化的进程中怎样调整自身行为，尤其是不断优化管理决策机制以更好地适应国际化要求。

第二，国内外学者对公司治理主题进行了较多研究，其文献颇为丰富，普遍认为公司治理可以分为内部治理和外部治理。内部治理包括股权结构、董事会制度、高管层激励监督等；外部因素包括经济、政治、法律等。从学者们的研究来看，公司治理所涉及的内容较为宽泛，且更多的是基于国外市场的研究，当然，近十几年来，国内学者也基于我国制度背景从不同角度对公司治理进行了研究，但是研究基本沿袭西方学者的研究思路。

第三，对公司治理的研究，现有研究更多地围绕着企业内部治理和外部治理，对于企业间层面（集团公司）治理研究不多，尤其是针对像中国这样的发展中国家公司治理而言，企业间层面治理发挥着极为重要的作用。对于股权结构是较为集中国家的公司，它们经常由单一大股东所控制，在这种情况下，不适合从企业层面视角分析。默克（Morck，2008）认为，对于除英美之外国家的公司治理问题，最恰当的分析单位应该是（企业间层面的）企业集团，而非（企业层面的）公司。因此，对于国际化的中国企业来说，往往涉及企业集团，需要从企业间层面研究其公司治理问题。因此，研究国际化企业集团如何完善公司治理制度具有相当的现实意义。

第四，从上述有关国际化与企业绩效关系研究的文献回顾可以看出，学术界尚未形成统一的、令人满意的结论。对于国际化与企业绩效的关系，存在两种矛盾的观点，一种观点认为国际化与企业绩效之间存在一定的关系，有学者认为是线性关系，其中有的学者得出的结论是正相关关系，有的学者得出的结论是负相关关系，也有学者认为是非线性关系，有的学者得出的结论是"U"形关系，有的学者得出的结论是倒"U"形关系；另一种观点认为国际化与企业绩效之间不存在任何关系。相对而言，较多的文献支持第一种观点，但结论也不尽一致。造成这种研究结论不一致的原因多种多样，既有样本选择、变量定义不同等方面的原因，也有研究设计方面的原因。另外，公司治理机制是否在国际化与公司绩效关系中发挥作用，发挥着怎样的作用，完善的公司治理是否进一步提升国际化企业的绩效等问题，是现有文献中较少涉及的。

第五，从研究对象上看，国外学者对公司治理的研究主要是针对发达国家的问题，较少关注发展中国家企业的公司治理。尽管随着中国经济的高速持续增长，近年来部分国外学者开始研究并关注中国企业的公司治理和企业绩效问题，但是他们较少关注中国企业国际化进程中公司治理问题和企业绩效问题，国内学者对国际化进程中公司治理和企业绩效问题的研究往往基于公司治理的某一层面展开，其研究结论较难具有代表性和普遍性。

综上所述，国内外很多学者从不同角度研究和界定企业国际化和公司治理以及它们与企业绩效的关系，但是都没有得出较为一致的结论，因此对中国企业国际化、公司治理和企业绩效关系的研究有待进一步深入。企业国际化进程中研究中国企业公司治理及绩效问题时，尤其应该明确三点：首先，关于国际化与企业绩效的关系，学者们得出了一些不同甚至于截然相反的结论，企业国际化与企业绩效究竟存在什么样的关系，公司治理能否在国际化与企业绩效关系中发挥调节作用，也就是说，公司治理完善的国际化企业，其绩效是否更好等问题都是非常值得研究的问题；其次，中国企业国际竞争力的提升离不开其技术创新能力的提高，长期来看，高水平技术创新能力将带来更佳的企业绩效，国际化企业的公司治理与企业技术创新存在怎样的关系，完善公司治理，是否有助于提高企业技术创新能力；最后，必须紧密结合中国企业国际化特点，研究国际化企业集团的公司治理制度以不断提升企业绩效并最终增强企业的国际竞争力促进中国经济发展。本书对这些问题进行研究，以为中国国际化企业的良性发展提供意见和建议。

第二章 中国企业国际化环境及其现状

第一节 中国企业国际化环境

如第一章文献所述，企业国际化进程中，内向国际化往往是外向国际化的基础和条件，是为了更好地实现外向国际化，外向国际化是内向国际化发展的必然趋势和结果，因此本书将企业国际化界定为外向国际化，并参照希特等（Hitt，1997）对企业国际化的定义，将企业国际化定义为"企业运营活动跨越国家边界进入国际市场的行为，包括产品出口、建立国外合资或合作企业、设立海外子公司或分公司等形式"。

实际上，当企业经营活动与国际经济发生某种联系时，企业国际化进程就开始了（鲁桐，2000）。从学者们对企业国际化内涵的理解可以看出，企业国际化具有以下两大主要特点：第一，企业需要开辟海外市场，其经营面向国际市场，并不断提高自身的国际市场竞争能力以求最大份额地占领国际市场；第二，企业国际化经营的主要形式包括出口贸易、建立海外子公司或分公司、合资合营及国外各种合同安排等。企业在国际化过程中可以通过自建、合资、收购等方式整合全球价值链和生产网络，实现全球研发、生产和销售，在全球范围内实现资源优化配置。因此，企业国际化环境离不开国际经济环境和国内经济环境。

一、国际经济环境

1. 中国企业国际化的国际经济背景

受全球贸易持续低迷、国际有效需求不足、金融市场频繁震荡等不利因素叠加影响，全球经济陷入了低需求、低增长、低就业的恶性循环，近几年世界货物贸易增长疲软。据世界贸易组织统计，2015 年，世界贸易量增长 2.8%，连续第四年低于 3%，并且连续第四年低于世界经济增速；发达国家出口量增长 2.6%，进口量增长 4.5%，发展中国家出口量增长 3.3%，进口量增长 0.2%。尽管 2016 年全球经济延续弱势复苏格局，呈现企稳迹象，但实体经济依然脆弱，市场需求依旧低迷，地缘政治风险上升，全球贸易没有从根本上摆脱困境，世界经济低增长高风险局面没有根本改观。

与世界经济和国际贸易双双低迷形成鲜明对比的是，全球对外直接投资（FDI）流量强劲反弹。联合国贸易和发展组织（UNCTAD）发布的《2016 年世界投资报告》指出，2015 年全球 FDI 强劲复苏，FDI 流入总量跃升 38%，达到 1.76 万亿美元，这是自 2008 年全球金融危机爆发以来 FDI 的最高水平。另外，跨国兼并和收购（跨国并购）也实现大幅增加，从 2014 年的 4 320 亿美元猛增至 2015 年的 7 210 亿美元。从发达国家和发展中国家之间的对比关系看，2015 年发达经济体的 FDI 流入量达到 9 620 亿美元，几乎比 2014 年增加了一倍，其占全球 FDI 的比重从 2014 年的 41% 猛增到 2015 年的 55%。从全球 FDI 的行业结构看，2015 年第一产业 FDI 大幅减少，制造业 FDI 则有所增长，从全球 FDI 存量看，服务业占比继续保持在 60% 以上的水平。

这些数据都说明当前全球经济竞争格局正在发生深刻变化，国际市场面临重新洗牌，各国贸易壁垒与摩擦增加，贸易保护主义重新抬头，形式既包括直接限制贸易措施，也包括货币竞争性贬值和区域贸易集团对非成员的隐形歧视等。进一步加剧的国际市场竞争对企业的国际市场竞争能力提出了更高的要求，需要企业不断提升国际竞争力以参与国际市场竞争，也对中国企业国际化提出新的要求。对于中国企业而言，只有成功实现技术、管理、产品等升级才能构建国际竞争新的比较优势，在未来国际竞争中占据有利地位，增强在国际市场上的话语权。

2. "一带一路"倡议对中国企业国际化的影响

如前所述，当今世界格局正发生着复杂的变化，世界各国的投资贸易格局和多边投资贸易规则正酝酿着调整，2008 年的国际金融危机深层次影响依旧存在，10 年来世界经济复苏缓慢，各国面临的经济发展问题依然严峻。在这样的世界经济背景下，中国提出的共建"一带一路"倡议以保证贸易畅通、拓宽贸易领域，优化贸易结构，挖掘贸易新增长点，促进贸易平衡、加快投资便利化进程，消除投资壁垒、优化产业链分工布局为重点建设内容，以求在全球范围内促进资源高效配置和市场深度融合，推动沿线各国实现经济政策协调，开展更大范围、更高水平、更深层次的区域合作，共同打造开放、包容、均衡、普惠的区域经济合作架构，这是国际合作以及全球治理新模式的积极探索，将对中国企业国际化产生深远影响，甚至直接指引着中国企业国际化方向。"一带一路"沿线不少国家的经济依赖能源、矿产等资源型行业，而中国企业有能力向这些国家提供机械和交通运输设备等，这可以实现中国产能的向外投放，解决过剩产能问题，同时促进国外新兴市场的快速发展。面对"一带一路"倡议带来的机遇和挑战，中国企业需要制定切实可行的海外经营战略，努力打造国际化经营的硬实力与软实力，推动自身产业结构调整、实现企业的升级，最终成为技术创新能力、国际竞争能力、企业管理能力都得以进一步增强的新型开放企业。

二、国内经济环境

1. 成本高企导致中国企业低成本比较优势削弱

中国经济 30 年的飞速发展在很大程度上依赖于原材料和人工等的低成本优势。但是 2008 年金融危机以来，中国实体经济受到很大的冲击，经济增长速度明显放缓。金融危机前，中国经济保持两位数的增长速度，可是 2012 年开始，近四年的经济增长速度保持在 8% 以下。经济增长速度的放缓从一个角度反映了实体经济发展的艰难。而且劳动力成本上升、全球能源价格上涨、税费负担等都给中国企业带来了巨大的压力，使其经营成本上升明显。2015 年，大中型工业企业的主营业务成本/主营业务收入达到 84.39%，毛利率仅占 15.61%，而且 2015 年大中型工业企业利润出现了负增长，较 2014 年大中型工业企业的利润减少 5.86%。①成本高导致企业的利润空间一缩再缩。以经济活跃度较高的浙江省为例，2014 年浙江规模以上工业企业利润总额 3 544 亿元，同比增长 5.1%，增幅比 2013 年同期回落 10.1 个百分点。2014 年利润增幅呈倒"U"形走势，从一季度的 8.2% 上升到上半年的 12.4% 后，逐步回落至前三季度的 9.8% 和全年的 5.1%。2013 年、2014 年浙江省规模以上工业企业利润增长情况如图 2-1 所示。

---

① 根据 2016 年《中国统计年鉴》计算所得。

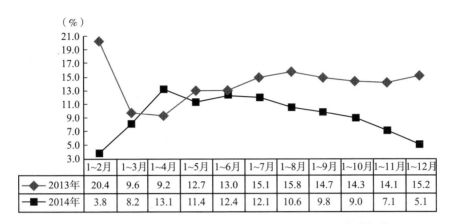

	1~2月	1~3月	1~4月	1~5月	1~6月	1~7月	1~8月	1~9月	1~10月	1~11月	1~12月
2013年	20.4	9.6	9.2	12.7	13.0	15.1	15.8	14.7	14.3	14.1	15.2
2014年	3.8	8.2	13.1	11.4	12.4	12.1	10.6	9.8	9.0	7.1	5.1

图 2-1　2013 年、2014 年浙江省规模以上工业企业利润增长情况

资料来源：浙江统计信息网，http://www.zj.stats.gov.cn/tjxx/tjkx/201501/t20150127_152396.html.

中国企业家调查系统编制的《2016 中国企业经营者问卷跟踪调查报告》显示，截至 2016 年，成本上升问题依然是主要问题。调查发现，关于"当前企业经营发展中遇到的最主要困难"，企业家选择比重最高的是关于成本问题，有 68.4% 的企业家选择"人工成本上升"，50.2% 的企业家选择"社保、税费负担过重"。此外，企业的原材料和环保成本也有所上升，中小企业融资难问题依然存在，企业平均融资成本高达 8.33%。

成本高企的时代，中国企业低成本的比较优势不复存在，通过国际化经营，企业一方面考虑在全球进行适当的布局，尽力降低企业成本，另一方面考虑通过基于全球资源配置的技术创新实现企业技术、产品等升级寻求其他比较优势以提高企业竞争力。

2. 出口产品附加值处于全球价值链的中低端

在全球价值链中，中国大多数企业处于加工制造和组装环节，产品附加值低，处于"微笑曲线"的底部。"微笑曲线"是中国台湾宏碁集团董事长施振荣在 1992 年提出的概念，曲线的左右两端分别代表产业链中高附加值的研发创新环节和营销服务环节，中间部分则表示低附加值的装配制造环节。

随后，"微笑曲线"理论开始受到学术界的关注，很多学者指出中国制造业中加工制造业占据相当大的份额，以低成本赚取加工利润是中国企业较为普遍的生存模式，企业的创新能力和品牌建设相对落后，若不及时向价值链高端转移，中国制造业将在国际竞争中一直处于被动地位。因此，很多学者主张中国制造业应该向微笑曲线的两端升级（马永驰、季琳莉，2005；杨林、曾繁华，2009；孙晓飞，2010；赵彦云等，2012）。

一国出口产品的相对复杂程度可用来反映其在全球价值链的地位高低，而产品的相对单价在一定程度上可以反映其复杂程度。本书借鉴胡昭玲和宋佳（2013）、林桂军和何武（2015），采用产品相对单价高低构建全球价值链地位指数（Global Value Chain，GVC）来判断企业参与全球价值链的整体水平从而反映出口产品在全球价值链的地位。

t 时期国家 n 的 GVC 地位指数的表达式为：

$$GVC_t^n = \sum_{i=1}^{k} \left\{ \frac{(S_t^{ni}/Q_t^{ni})}{(S_t^{wi}/Q_t^{wi})} \cdot \frac{S_t^{ni}}{S_t^{nT}} \right\} \tag{2-1}$$

其中，国家 n 中间品的总数目 k，i 是第 i 种产品（i = 1，2，3，…，k）。

S_t^{ni} 为 t 时期国家 n 第 i 种产品的出口额；

Q_t^{ni} 为 t 时期国家 n 第 i 种产品的出口数量；

S_t^{wi} 为 t 时期全世界第 i 种产品的出口额；

Q_t^{wi} 为 t 时期全世界第 i 种产品的出口数量；

S_t^{nT} 为 t 时期国家 n 所有产品的出口总额；

$\dfrac{S_t^{ni}/Q_t^{ni}}{S_t^{wi}/Q_t^{wi}}$ 是 t 时期国家 n 第 i 种产品相对于世界第 i 种产品的出口单价；

$\dfrac{S_t^{ni}}{S_t^{nT}}$ 是权重。

由于制造业在工业发展中所处的地位，而且制造企业在中国所有企业中占比最高，因此，在计算 GVC 地位指数时，以制造企业产品为样本进行研究，数据来自 UN Comtrade 数据库，采用 HS2002 六位编码，选取的样本时间为 2000～2015 年。为更好地反映 GVC 的变化情况，每五年进行比较，也就是将 2000 年、2005 年、2010 年和 2015 年进行比较；本书在计算四年的 GVC 时，剔除数据不全的产品种类，最终获得 2000 年 959 种产品、2005 年 935 种产品、2010 年 860 种、2015 年 850 种产品以考察制造企业参与全球价值链的整体水平情况。表 2－1 是 2000～2015 年中国制造业 GVC 地位指数，用来衡量 2000～2015 年中国制造业参与全球价值链的地位。

表 2－1 　　　　　　　2000～2015 年中国制造业 GVC 地位指数

项目	2000 年	2005 年	2010 年	2015 年
全球价值链地位指数	1.0143	0.9969	1.0023	1.0677
产品种类（种）	959	935	860	850

资料来源：根据 UN Comtrade 数据库及公式 2.1 作者计算所得。

表 2－1 数据显示，过去十五年间，中国制造业的 GVC 地位指数没有显著改善，尤其是 2000～2010 年的十年，GVC 地位指数始终在 1 上下，不仅没有上升，与 2000 年相比，反而有略微下降。2010～2015 年，GVC 地位指数有一定幅度的上升，说明中国制造业逐渐地向价值链高端发展。但是总体来看，中国趋于出口低价商品，与发达国家相比，制造业仍然处于全球价值链低端。[1] 这与林桂军、何武（2015）的研究基本一致。

---

[1] 根据林桂军、何武（2015）的研究，日本装备制造业 2010 年的 GVC 地位指数为 2.49，德国为 1.55，美国为 1.48，均远高于同期中国制造业的 GVC 地位指数。

3. 部分行业产能过剩问题依然突出

当前部分行业的产能过剩问题依然比较突出，导致产品价格持续下降，企业效益下滑，有的行业甚至陷入全行业亏损。如 2015 年三季度钢铁行业销售利润率仅为 0.05%，利润总额同比下降 97.5%，企业亏损面接近 50%。根据边际产业扩张理论，这些产能过剩行业在中国已经处于或即将处于劣势地位，属于"边际产业"，通过国际化经营将产能过剩行业的过剩产能输出至正处于优势地位或潜在优势地位的国家，这样不仅可以促进中国的产业结构优化，也有利于东道国的产业调整，对两国都产生有利的影响。

企业发展的国内外经济环境都要求并迫使企业通过国际化实现市场、管理、技术升级以寻求新的增长点，形成新的比较优势，才能实现可持续发展，在市场竞争中立于不败之地。

第二节　中国企业国际化现状

一、中国企业国际化规模

中国企业的国际化经营取得突破性进展。企业国际化方式呈多样化发展，从简单的通过设立贸易公司和办事处开拓海外市场到境外资源开发、设立研发机构、并购拥有高新技术的同行企业等；从投资领域看，中国企业从过去的侧重于能源、资源领域的投资逐渐转向多元化领域，其中高新技术、服务贸易等领域的投资正如火如荼地发展着。

1. 中国对外直接投资规模

自 2002 年建立《中国对外直接投资统计制度》以来，中国对外直接投资持续高速增长。如图 2-2 所示，2002 年以来，每年中国对外直接投资的流量与存量均呈现同步增长，2002～2016 年的十五年，中国对外直接投资流量从 27 亿美元增长到 1 961.5 亿美元，2016 年的流量是 2002 年的近 73 倍，是 2012 年的 2.23 倍；存量从 2002 年的 299 亿美元，增长到 2016 年的 13 573.9 亿美元，实现了快速增长。同时，跨境并购等相关指标详见表 2-2。

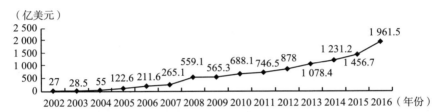

图 2-2A　2002～2016 年中国对外直接投资流量趋势

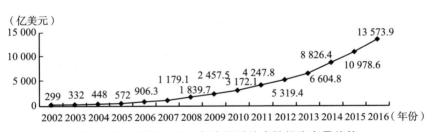

图 2-2B　2002～2016 年中国对外直接投资存量趋势

资料来源：根据表 1-1 数据作者自绘。

表 2-2　　　　　　　　2010～2016 年对外直接投资相关情况

项目		2010 年	2011 年	2012 年	2013 年	2014 年	2015 年	2016 年
跨境并购	并购项目数	—	—	457	424	595	579	765
	实际交易金额（亿美元）	297	272	434	529	569	544.4	1 353.5
	涉及国家（地区）	—	—	—	70	69	62	74
境外资产总额（亿美元）		1.5 万	近 2 万	2.3 万	近 3 万	3.1 万	4.37 万	5 万

项目	2010 年	2011 年	2012 年	2013 年	2014 年	2015 年	2016 年
境外对外直接投资企业（家）	1.6 万	1.8 万	2.2 万	2.54 万	2.97 万	3.08 万	3.72 万
境外直接投资企业所设国家（地区）	178	177	179	184	186	188	190

资料来源：根据 2010～2016 年对外直接投资公报整理而得。

跨境并购重组是中国企业国际化及多元化战略的主要手段，也是现阶段中国企业国际化的经常方式。2010～2016 年企业跨境并购重组情况详见表 2－2。2010～2016 年，中国企业实施对外投资并购实际交易金额从 2010 年的 297 亿美元增长到 2016 年的 1 353.3 亿美元，尤其是 2015 年到 2016 年，实现了近 150% 的增长，跨境并购项目从 2012 年的 457 起增加到 2016 年的 765 起，从 2015 年到 2016 年，跨境并购项目增长 32%，比较跨境并购项目的增长与实际交易金额的增长，说明相比 2015 年，2016 年跨境并购项目所涉及的平均金额较大。企业跨国并购实施国际化战略能有效整合全球资源，实现企业在技术、管理和市场、产品等方面的升级。尤其是 2008 年金融危机以来，全球经济尚处于复苏期，海外存在着大量优质低估值的企业，并购这些企业可以使国内企业实现产品、技术、管理等全方位升级；同时，企业为了提升国际竞争力，要不断从低附加值产业向高附加值产业转移，跨国并购有助于企业及时整合国外技术及相应资源，实现核心技术和品牌的积累，同样有助于企业升级。

同时表 2－2 显示，2010～2016 年，企业境外资产总额从 1.5 万亿美元发展到 5 万亿美元，实现了超越 3 倍的增长；同期，境外对外直接投资企业也有 1.6 万家发展到 3.72 万家，涉及 190 个国家和地区。这些数据都说明企业国际化规模在逐渐扩大。

2013 年以来的"一带一路"倡议成为企业"走出去"的新增长点，进一步带动了开放条件下企业升级。近几年，中国对"一带一路"相关国家投资快速增长。2015 年，对"一带一路"相关国家的投资占当年流量总额的 13%，高达 189.3 亿美元，同比增长 38.6%，是对全球投资增幅的 2 倍。[①] 2016 年，中国企业共对"一带一路"沿线 53 个国家进行了非金融类直接投资 145.3 亿美元，主要流向新加坡、印尼、印度、泰国、马来西亚等国家地区。对外承包工程方面，2016 年中国企业在"一带一路"沿线 61 个国家新签对外承包工程项目合同 8 158 份，合同额达 1 260.3 亿美元，占同期中国对外承包工程新签合同额的 51.6%。[②] 2015 年以前，中国企业"一带一路"沿线的投资主要集中在采矿业、交通运输业和制造业，2015 年以后尽管对传统产业的投资仍占主导地位，但对信息技术、金融等行业的投资明显上升。这些变化表明，随着"一带一路"建设的全面推进，开放条件下企业升级的投资环境和投资领域在持续优化升级，国际化给中国企业带来更大的升级空间。

2. 企业海外业务收入规模

借鉴丹尼尔斯和约斯特（Denis & Yost，2002）、王国顺、胡莎（2006）、杨一尘、余颖（2008）、陈立敏、刘静雅、张世蕾（2016）等学者的研究，本书采用海外业务收入占营业收入的比重（FSTS）衡量企业的国际化程度。

自 2008 年以来，企业的海外业务收入也逐年增加，以中国上市公司为例，除了受 2008 年国际金融危机影响，2009 年的海外业务收入锐减外，2008～2015 年上市公司实现的海外业务收入呈持续上升的态势，其均值从 2008 年的 8.8879 亿元上升到 2015 年的 13.2165 亿元，增幅

---

① 2015 年度中国对外直接投资统计公报。

② 资料来源：http：//www.mofcom.gov.cn/article/tongjiziliao/dgzz/201701/20170102504429.shtml.

为 48.7%，尤其是 2012~2015 年，实现了较快增长。但是从海外业务收入比（企业海外业务收入占其营业收入的比重，FSTS）来看，上市公司的海外业务收入比均值从 2012 年的 0.2312 下降到 2015 年的 0.2232，呈波动下降的态势（如表 2-3 及图 2-3 所示），这说明了尽管中国上市公司 2012 年后海外业务收入增长较快，但是由于企业的营业收入总额实现了更快的增长，海外业务收入占营业收入的比重在 2012 年后反而有明显下降，这印证了中国企业的国际化程度仍有待进一步提高。从具有海外业务收入的上市公司家数（N）来看，扣除新增上市公司因素，2008 年以来具有海外业务收入的上市公司家数增加不明显，尤其是 2011~2015 年，基本维持在 1 600~1 700 家左右，没有显著增加。

表 2-3　　　　　2008~2015 年中国上市公司海外业务收入均值

项目	2008 年	2009 年	2010 年	2011 年	2012 年	2013 年	2014 年	2015 年
海外业务收入（亿元）	8.8879	6.4603	8.9195	8.7860	9.4688	10.2860	11.8529	13.2165
海外业务收入比	0.2278	0.2278	0.2277	0.2298	0.2312	0.2241	0.2265	0.2232
N	1 126	1 268	1 293	1 598	1 663	1 693	1 699	1 729

注：海外业务收入比 = 某年海外业务收入 ÷ 当年营业收入

资料来源：根据 Wind 数据库数据计算而得。

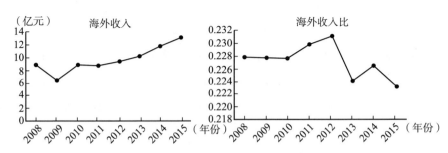

图 2-3　2008~2015 年中国上市公司海外业务

收入均值及海外业务收入比趋势

为了更详细了解中国上市公司国际化总体规模，根据企业国际化程度高低将全部上市公司分成若干组，（1）非国际化企业：无海外业务收入的上市公司；（2）极低国际化企业：海外业务收入占比在 0～5%；（3）低国际化企业：海外业务收入占比在 5%～20%；（4）中国际化企业：海外业务收入占比在 20%～50%；（5）高国际化企业：海外业务收入占比在 50% 以上。中国上市公司 2008～2015 年海外业务收入比分布情况详见表 2－4。

表 2－4　　　　2008～2015 年中国上市公司海外业务收入比分布　　　单位：%

项目	2008 年	2009 年	2010 年	2011 年	2012 年	2013 年	2014 年	2015 年
非国际化企业	54.79	51.66	50.69	48.50	47.58	46.75	46.54	45.52
0～5%	10.34	14.70	14.87	16.09	15.95	16.32	15.53	15.90
5%～20%	14.48	15.65	15.79	12.18	15.09	16.19	16.63	16.75
20%～50%	11.40	10.31	10.93	14.93	13.10	12.53	13.22	13.97
50% 以上	8.97	7.67	7.72	8.30	8.37	8.21	8.08	7.85

资料来源：根据 Wind 数据库数据整理而得。

根据表 2－4，从 2008～2015 年，无海外业务收入的非国际化企业比例逐渐降低，从 54.79% 降低到了 45.52%，说明越来越多的上市公司开始了国际化进程；但是从海外业务收入比 50% 以上的高国际化企业比例来看，从 2008～2015 年，比例处于下降状态，最高比例是 2008 年的 8.97%，之后受 2008 年金融危机影响，2009 年降低到8% 以下，尽管 2011 年开始回升到 8% 以上，但是 2011 年以后总体情况不乐观，2015 年的占比只有 7.85%；这个趋势在海外业务收入占比为 20%～50% 的中等程度国际化企业得到印证。而且，从 2008～

2015 年，非国际化企业和海外业务收入占比为 0% ~ 5% 以下的极低国际化企业始终占全部上市公司的 60% 以上，而中国际化企业和高国际化企业仅占全部上市公司的 20% 左右，这说明中国企业的国际化有待于进一步加强。

二、中国企业国际化行业分布

1. 行业聚类分析

中国企业的国际化进程实质上是企业升级的过程，中国只有成为一个出口技术密集型、高附加值产品为主的国家，才能不断走向全球价值链的中高端，保持中国制造业的国际竞争力。为了对中国企业国际化进行分行业研究，本书以中国证监会行业分类为基础，剔除金融行业后，将制造业的细分行业与其他行业并列，按要素密集度进行聚类分析，借鉴鲁桐、党印（2014）的聚类分类指标固定资产比重和研发支出比重，基于中国 A 股上市公司数据将所有行业划分为劳动密集型、资本密集型和技术密集型三大行业以了解不同行业的国际化状况。

$$固定资产比重 = 固定资产净值 \div 总资产 \qquad (2-2)$$

$$研发支出比重 = 研发支出 \div 应付职工薪酬 \qquad (2-3)$$

固定资产比重越高，则表明资本越重要，属于资本密集型企业；若研发支出比重越高，则表明研发支出远高于员工薪酬，属于技术密集型企业，否则为劳动密集型企业。在计算所有行业固定资产比重和研发支出比重的基础上，运用 SPSS 19.0 进行聚类分析。分类结果详见表 2 – 5。

表 2 - 5　　　　　　　　　　　　**行业聚类结果**

劳动密集型	资本密集型	技术密集型
农、林、牧、渔业	造纸、印刷、文教制造业	电气机械和器材制造业
采矿业	石油、化学、塑胶、塑料制	计算机、通信和其他电子设
食品、饮料加工制造	造业	备制造业
纺织业、皮革制造业	医药制造业	信息传输、软件和信息技术
木材、家具制造业	金属、非金属制造业	服务业
其他制造业	机械设备制造业	
批发零售业	汽车制造业	
电力、热力、燃气及水生产	仪器仪表制造业	
和供应业	铁路、船舶、航空航天和其	
交通运输、仓储和邮政业	他运输设备制造业	
住宿和餐饮业	废弃资源综合利用业	
房地产业	建筑业	
租赁和商务服务业	专业技术服务业	
教育	水利、环境和公共设施管理业	
卫生和社会工作		
文化、体育与娱乐业		
综合		

资料来源：作者运用 SPSS 19.0 进行聚类分析得出的结果。

2. 不同行业企业国际化程度

在行业聚类分析的基础上，进一步将 A 股上市公司分为劳动密集型、资本密集型和技术密集型三大行业，比较不同行业企业的海外业务收入占其营业收入比重以了解其国际化程度。为了减少 2008 年发生的金融危机对数据的影响，下文对上市公司进行比较和分析的数据均采用 2010~2015 年的数据。表 2 - 6 是三大行业上市公司 2010~2015 年海外业务收入占其营业收入比重的均值及有海外业务收入的上市公司家数。

表 2 - 6 显示，2010~2015 年资本密集型企业的海外业务收入占其营业收入比重的均值是三大行业中最低的，在近几年没有明显改善；劳动密集型企业的海外业务收入占比居于中间，总体处于下降趋势，但是

2011 年后下降不明显；相比劳动密集型和资本密集型企业，尽管 2010 年以来技术密集型企业的海外业务收入占比一直最高，但是这个比重在 2011 年达到高点，2011 年以后呈下降趋势。从 2010 年后具有海外业务收入的公司数看，扣除这几年新上市公司的因素，实际上三大行业有海外业务收入的上市公司在 2010 年后尤其是 2011 年后增加并不明显，所以总体来看，尤其是 2011 年后，三大行业上市公司的海外业务收入占其总收入的比重不容乐观，特别是资本密集型企业和技术密集型企业，近几年都没有明显提升，这一方面可能和近几年国际经济环境相关，另一方面也说明中国企业出口产品的技术含量有待提高，仍具有较大的升级空间，企业应该进一步努力发展技术密集型产品，提高产品附加值以提高企业国际竞争能力。

表 2 – 6A　　　　　2010～2015 年三大行业企业海外业务
收入占其营业收入比重均值

行业类型	2010 年	2011 年	2012 年	2013 年	2014 年	2015 年
劳动密集型	0.2542	0.2367	0.2343	0.2303	0.2377	0.2329
资本密集型	0.1927	0.1972	0.2057	0.2003	0.201	0.2006
技术密集型	0.2892	0.2921	0.2756	0.2635	0.2641	0.2574

表 2 – 6B　　　　　2010～2015 年三大行业有海外业务
收入的上市公司家数

行业类型	2010 年	2011 年	2012 年	2013 年	2014 年	2015 年
劳动密集型	270	289	285	283	281	292
资本密集型	685	823	827	840	852	868
技术密集型	318	356	378	387	384	388

资料来源：根据 Wind 数据库数据整理而得。

3. 产业结构升级明显，高技术产业出口呈上升态势

改革开放以来，中国产业结构明显优化，第三产业在经济发展中发挥越来越重要的作用。《中国统计年鉴2016》数据显示，三大产业对GDP的贡献率从1978年的9.8%∶61.8%∶28.4%不断优化至2015年的4.6%∶41.6%∶53.7%，2015年第三产业对GDP的贡献率首次突破50%，产业结构升级明显。

按照产业不同，截至2016年末，中国对外直接投资存量中有10 360.4亿美元分布于第三产业，占对外直接投资的76%；3 083亿美元分布于第二产业，占中国对外直接投资存量的23%；130.5亿美元分布于第一产业，占中国对外直接投资存量的1%。图2－4反映的是截至2016年末，中国对外直接投资存量按三次产业分类构成。

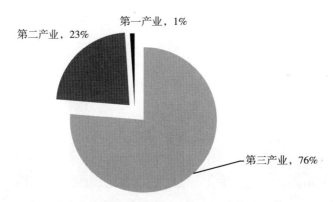

图2－4　中国对外直接投资存量按三次产业分类构成（截至2016年末）

2000年以来，高技术产业比重总体呈上升趋势。高技术产业企业的出口交货值占当年出口总额的比重持续上升，由2000年的16.42%大幅升至2015年的36.07%。历年统计年鉴显示，2000年高技术产业规模以上企业数为9 758家，占当年规模以上企业数的5.99%，2015年该比例达到7.73%。2000年高技术产业主营业务收入为10 033.7亿

元，2015 年达到 139 968.6 亿元，是 2000 年的 13.95 倍。但是从相对数来看，2000 年、2005 年、2010 年和 2015 年高技术产业主营业务收入占规模以上工业企业主营业务收入比重分别为 11.92%、13.65%、10.67% 和 12.61%，呈波动上升态势。与主营业务收入相似，2000 年以来，高技术产业的利润也呈波动态势。近十年，受国际金融危机及成本上升等因素影响，高技术企业的利润占规模以上工业企业利润的比重在 2010 年处于低位，仅为 9.2%，这个比重在 2015 年有明显提高，达到 13.58%。2000 ~ 2015 年高技术产业基本情况如图 2 - 4 所示。图 2 - 5 显示，2000 ~ 2015 年高技术产业的出口交货值增长较快，从 2000 年的 16.42% 增长到 2015 年的 36.07%。目前，中国高技术产业增加值、出口额、出口增加值均已超过美国，居世界首位，总体来看，中国正在向高技术制造第一大国快速升级，经济增长的新旧增长动能正在加速转换。

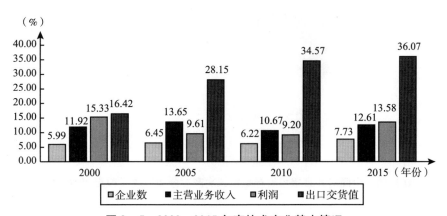

图 2 - 5 2000 ~ 2015 年高技术产业基本情况

注：企业数、主营业务收入和利润的数字分别是高技术产业企业数、主营业务收入和利润与规模以上工业企业企业数、主营业务收入和利润比值的百分比；出口交货值的占比为高技术产业出口交货值与当年出口总额比值的百分比。

资料来源：根据 2001 年、2006 年、2011 年和 2016 年中国统计年鉴相关数据计算而得。

4. 制造业国际竞争力不断提升

中国制造业的升级取得了积极进展，制造业国际竞争力不断提升。2016 年 4 月德勤发布的《2016 全球制造业竞争力指数》报告显示，中国在全球制造业竞争力领域排名第一，美国位居第二。此前，德勤曾在 2010 年和 2013 年分别发布《全球制造业竞争力指数》，中国均排名第一。

先进的制造业技术是提升制造业国际竞争力的关键，因此必须通过先进技术打造制造业竞争力。高技术产业的出口状况能在一定程度上反映制造业的国际竞争力。如图 2 - 5 所示，2000 年以来，高技术产业的出口交货值占当年出口总额的比重持续上升，2015 年该比例达到36.07%，是 2000 年的 2.20 倍。同时，规模以上工业企业的劳动产出上升较快。2015 年规模以上工业企业的人均主营业务收入达到 113.53 万元，[①] 而在 2000 年，规模以上工业企业的人均主营业务收入仅为 15.14 万元。十五年时间制造业的生产效率大幅提高，2015 年规模以上工业企业的人均主营业务收入达到 2000 年的 7.5 倍。说明制造业的发展质量不断提高，发展速度不断加快，企业的竞争力持续增强。

三、对外贸易结构

作为企业国际化经营的一般形式，出口在很大程度上促进了中国企业产品质量升级。但一直以来，货物出口占据主导地位，远远领先于服务出口。图 2 - 6 是 2000 ~ 2015 年中国货物出口和服务出口情况，其中图 2 - 6（a）是 2000 ~ 2015 年货物出口额和服务出口额，图 2 - 6（b）

---

① 根据 2016 年中国统计年鉴数据计算而得。2015 年规模以上工业企业的主营业务收入为 1 109 852.57 亿元，平均用工人数 9 775.02 万人，人均主营业务收入为 113.53 万元。同样计算得 2000 年的人均主营业务收入。

是该期间服务贸易出口占当年出口总额的比重。图 2 - 6（a）显示，
2000 年以来每年的货物出口额与服务出口额差距显著，这种差距的绝
对数随着货物出口的显著增长总体呈扩大趋势，仅在 2015 年随着货物
出口额的降低与服务出口额的增加，导致当年货物出口与服务出口的差
距较 2014 年小。这个结论在图 2 - 6（b）得到验证，图 2 - 6（b）显
示，2000 年以来中国的服务出口占比不仅没有增长，反而有下降趋势，
仅在 2015 年服务出口占比才有了较大提升。这说明过去十几年，中国
的贸易结构没有明显改善，货物出口仍然占主导地位，服务出口比重基
本都在 10% 以下。这也从一个层面反映了开放条件下企业升级存在很
大空间，改善贸易结构，不断提升服务贸易占比及其竞争力，是开放条
件下通过国际化实现企业升级的方向之一。

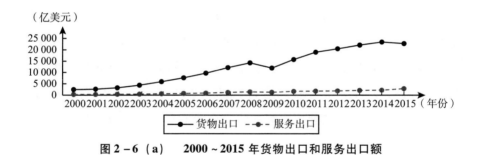

图 2 - 6（a） 2000～2015 年货物出口和服务出口额

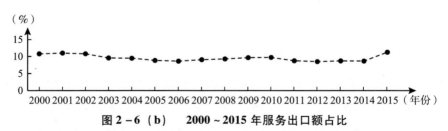

图 2 - 6（b） 2000～2015 年服务出口额占比

注：服务出口额占比 = 某年服务出口额/（当年货物出口额 + 服务出口额）
资料来源：2000～2015 年历年中国统计年鉴。

开放条件下，优化贸易结构加强服务贸易是中国企业国际化和结构

调整的战略重点及新的出口增长点，也是中国企业提升产品全球价值链的途径之一，更是新形势下世界经济竞争的焦点。多年来中国货物贸易的发展优势有助于进一步加快服务贸易发展，因为货物贸易和服务贸易能相互促进发展，货物贸易建立的国际市场网络能为服务贸易创造条件并提供方便；同时，服务贸易的发展又会进一步促进货物贸易，通过服务贸易输出著名商标、品牌和知识产权，提升货物贸易的附加值，由此能促进货物贸易和服务贸易良性循环，实现两者和谐发展。另外，服务贸易的发展有利于促进制造企业从生产型制造向服务型制造升级。生产型制造企业主要提供产品，服务型制造企业除了提供产品，还提供更多的研发设计、营销、售后等服务。研发设计、营销、售后服务等位于"微笑曲线"两端，属于高附加值业务，制造企业通过升级增加研发、设计、营销、售后、品牌管理和知识产权管理等服务环节的投入，并发展个性化定制服务、全生命周期管理、网络精准营销和在线支持服务等延伸服务链条，努力向价值链两端延伸。未来制造业与服务业间的边界将越来越模糊，通过升级使两者相互融合和依存，促使传统制造向服务型制造转型升级。因此，发展服务型制造业是制造企业升级的主流趋势，也是企业提升产品全球价值链的基础。国际产业发展趋势表明，随着制造业中间投入对服务投入的大量增加，服务业和制造业的关系变得越来越密切，先进制造业发展需要加快发展研发、金融、保险和法律、会计等生产性服务业，这些服务业与先进制造业同步建设，同步发展，能大大促进制造企业的升级。目前来看，尽管中国服务业得到了大力发展，但从结构看，以研发为重点的生产性服务比重太低，已成为制约产业升级的主要因素。根据《中国统计年鉴2016》，2015年中国研发成果出口仅为4亿美元，仅占当年服务贸易出口额2 882亿美元的0.14%，而研发成果进口为114亿美元，占当年服务贸易进口额4 248亿美元的2.68%。从服务贸易的相关数据（见表2-7）看，中国服务贸易自2005年以来一直处于逆差状态，服务贸易的出口额均小于进口额，而且近几年差距越来越大。到了 2015 年，服务贸易出口 2 882 亿美元，进口 4 248 亿美元，逆差 1 366 亿美元。同时，正如前文提到的，历年服务贸易出口额与货物贸易出口贸易的差距悬殊（见表 2 - 8）。以差距最小的 2015 年为例，2015 年服务贸易的进出口总额为 7 130 亿美元，出口额为 2 882 亿美元；同年，货物贸易的出口额为 22 735 亿美元，服务贸易出口额占总出口额的 11.25%，而这个比例已经是 2005 年以来最高的，在 2015 年以前，服务贸易出口额均占当年出口总额的 10% 以下，较多年份在 8% ~ 9%。这说明中国的服务贸易有较大的发展空间，同时也意味着在开放条件下，企业国际化具有较大的空间。

表 2 - 7 　　　　　2005 ~ 2015 年服务贸易进出口情况 　　　单位：亿美元

项目	2005 年	2006 年	2007 年	2008 年	2009 年	2010 年	2011 年	2012 年	2013 年	2014 年	2015 年
出口	739	914	1 216	1 465	1 286	1 702	1 821	1 905	2 106	2 222	2 882
进口	832	1 003	1 293	1 580	1 581	1 922	2 370	2 801	3 291	3 821	4 248
进出口	1 571	1 917	2 509	3 045	2 867	3 624	4 191	4 706	5 396	6 043	7 130

资料来源：《中国统计年鉴 2016》。

表 2 - 8 　　　　　2005 ~ 2015 年货物出口和服务出口情况 　　　单位：亿美元

项目	2005 年	2006 年	2007 年	2008 年	2009 年	2010 年	2011 年	2012 年	2013 年	2014 年	2015 年
货物出口	7 619.5	9 690	12 201	14 307	12 016	15 778	18 984	20 487	22 090	23 423	22 735
服务出口	739	914	1 216	1 465	1 286	1 702	1 821	1 905	2 106	2 222	2 882
服务出口占比（%）	8.84	8.62	9.06	9.29	9.67	9.74	8.75	8.51	8.70	8.66	11.25

资料来源：中国历年统计年鉴。

四、中国出口产品升级指数

林桂军、何武（2015）认为升级必须满足两个条件：一是企业能够生产差异化、具有一定垄断性的产品，其价格高于与其有竞争的类似的产品；二是产品的高价并未阻碍产品市场份额的扩大，其市场份额呈现不断增长的趋势。根据这一定义，运用开普林斯基（Kaplinsky）产品升级指数可以对中国企业出口产品的升级趋势进行反映，从而从一个角度反映中国企业国际化的现状。

1. 开普林斯基（Kaplinsky）升级指数

开普林斯基和雷德曼（Kaplinsky & Readman，2005）指出，某一产品是否升级取决于该产品相对价格和市场份额的变化，产品相对价格和市场份额同时上升表明该产品实现了升级；产品相对价格和市场份额都下降表明该产品出现了降级；如果产品相对价格上升而市场份额下降，或产品相对价格下降而市场份额上升，则不能判断是升级还是降级。详见表 2 - 9。

表 2 - 9　　　开普林斯基和雷德曼（Kaplinsky & Readman）
定义的升级和降级

项目	当期"相对出口份额"除以上期"相对出口份额"上升	当期"相对出口份额"除以上期"相对出口份额"下降
当期"相对出口单价"除以上期"相对出口单价"上升	升级	不确定
当期"相对出口单价"除以上期"相对出口单价"下降	不确定	降级

注：相对出口单价 = 某国某商品出口单价/世界该商品平均出口单价；

相对出口份额 = 某国某商品出口额/世界该商品总出口额

资料来源：Kaplinsky, Raphael and Jeffery Readman, "Globalization and Upgrading: What Can (and cannot) be Learnt from International Trade Statistics in the Wood Furniture Sector," Industrial and Corporate Change. 2005, 14 Issue 4, 679 - 703.

用 RS_t^{ni} 表示 t 时期国家 n 的第 i 种商品出口额占世界该商品总出口额的比重，S_t^{ni} 为 t 时期国家 n 的第 i 种商品出口额，S_t^{wi} 为 t 时期全世界第 i 种商品的总出口额，则：

$$RS_t^{ni} = \frac{S_t^{ni}}{S_t^{wi}} \qquad (2-4)$$

用 $RRS_{t,t-1}^{ni}$ 表示国家 n 第 i 种商品 t 时期"相对出口份额"除以 t−1 时期"相对出口份额"，则：

$$RRS_{t,t-1}^{ni} = \frac{RS_t^{ni}}{RS_{t-1}^{ni}} \qquad (2-5)$$

如果 $RRS_{t,t-1}^{ni} > 1$，则表示相比于上期"相对出口份额"，当期"相对出口份额"实现了上升；如果 $RRS_{t,t-1}^{ni} < 1$，则表示相比于上期"相对出口份额"，当期"相对出口份额"下降了。

用 RP_t^{ni} 表示 t 时期国家 n 的第 i 种商品出口单价相对于世界该商品的平均出口单价，P_t^{ni} 为 t 时期国家 n 的第 i 种商品出口单价，P_t^{wi} 为 t 时期全世界第 i 种商品的平均出口单价，Q_t^{ni} 为 t 时期国家 n 的第 i 种商品出口数量，Q_t^{wi} 为 t 时期全世界第 i 种商品的出口数量，则：

$$RP_t^{ni} = \frac{P_t^{ni}}{P_t^{wi}} = \frac{S_t^{ni}/Q_t^{ni}}{S_t^{wi}/Q_t^{wi}} \qquad (2-6)$$

用 $RRP_{t,t-1}^{ni}$ 表示国家 n 第 i 种商品 t 时期"相对出口单价"除以 t−1 时期"相对出口单价"，则：

$$RRP_{t,t-1}^{ni} = \frac{RP_t^{ni}}{RP_{t-1}^{ni}} \qquad (2-7)$$

如果 $RRP_{t,t-1}^{ni} > 1$，则表示相比于上期"相对出口单价"，当期"相对出口单价"实现了上升；如果 $RRP_{t,t-1}^{ni} < 1$，则表示相比于上期"相对出口单价"，当期"相对出口单价"下降了。

假定一个国家共有 K 种商品，从 t−1 到 t 时期，该国出口产品的开普林斯基升级指数表示为：

$$\text{Kaplinsky} - \text{Upgrade} - \text{Index}_{t,t-1}^{n} =$$

$$\frac{\left\{ \sum_{i=1}^{K} S_t^{ni} \mid RRS_{t,t-1}^{ni} > 1 \cap RRP_{t,t-1}^{ni} > 1 \right\}}{\sum_{i=1}^{K} S_t^{ni}} \quad (2-8)$$

其中开普林斯基升级指数范围为 $[0, 1]$，数值越大表示国家 n 中越多商品处于升级过程中，数值为 0 时表明 t 时期国家 n 中没有商品实现升级，数值为 1 时表明国家 n 中全部商品实现了升级。

同理，国家 n 从 t – 1 时期到 t 时期的 Kaplinsky 降级指数表示为：

$$\text{Kaplinsky} - \text{Downgrade} - \text{Index}_{t,t-1}^{n} =$$

$$\frac{\left\{ \sum_{i=1}^{K} S_t^{ni} \mid RRS_{t,t-1}^{ni} < 1 \cap RRP_{t,t-1}^{ni} < 1 \right\}}{\sum_{i=1}^{K} S_t^{ni}} \quad (2-9)$$

其中开普林斯基降级指数范围也为 $[0, 1]$，数值越大表示国家 n 中越多商品处于降级过程中，数值为 0 时表明 t 时期国家 n 中没有商品降级，数值为 1 时表明国家 n 中全部商品都降级了。

2. 数据来源

由于制造业在工业发展中所处的地位，在测度出口产品开普林斯基升级指数时，运用与计算 GVC 地位指数一样的数据，选取的样本时间仍为 2000～2015 年，每五年进行比较，也就是将 2000 年、2005 年、2010 年和 2015 年进行依次比较，即 2005 年比 2000 年、2010 年比 2005 年以及 2015 年比 2010 年，考察制造企业出口产品的升级情况，以总体反映国际化条件下中国制造企业出口产品升级的现状。剔除数据不全商品后，获得 884 种商品以比较 2005 年相对于 2000 年的产品升级情况，783 种商品以比较 2010 年相对于 2005 年的产品升级情况，801 种商品以比较 2015 年相对于 2010 年的产品升级情况。

3. 中国制造企业产品升级的测算结果

表2-10近十五年中国制造企业出口产品升级指数测算结果显示，总体来看，2000~2015年，中国制造业一半以上种类的出口产品实现了升级，尤其是相比于2010年，2015年801种产品种类中有560种实现了升级，37种产品出现了降级。从产品升级指数看，最高的是2005年，相比于2000年，63.44%出口额的商品实现了升级，只有0.76%出口额的商品出现降级。受2008年国际金融危机的影响，相比2005年，2010年的产品升级状况不容乐观，全部出口的产品中，只有35.57%实现了升级，是三次比较中最低的，而且和2005年及2015年的升级指数差距较大，同时，2010年3.77%出口额的产品出现了降级。随着世界经济的慢慢复苏，2015年的产品升级指数有较大提高，与2010年相比，56.75%的产品实现了升级，2.53%的产品出现降级。总体来看，尽管目前中国产品的升级状况比2010年有较大改善，但仍弱于2005年前的升级指数，且2015年降级产品的百分比为2.53%，远高于2005年的0.76%，因此为了提升出口产品的国际竞争能力，制造企业产品升级势在必行。

表2-10　　2000~2015年中国制造企业产品升级指数测算结果

项目	2000~2005年	2005~2010年	2010~2015年
产品升级指数	63.44%	35.57%	56.75%
产品降级指数	0.76%	3.77%	2.53%
产品种类数	884	783	801
升级产品种类数	448	395	560
降级产品种类数	64	43	37

资料来源：根据UN Comtrade数据库及公式2-8、公式2-9作者计算所得。

$$RQ_t^{Ci} = \frac{\sum_{i=1}^{K} Q_t^{Ci}}{\sum_{i=1}^{K} Q_t^{wi}} \qquad\qquad (2-10)$$

$$RS_t^{Ci} = \frac{\sum_{i=1}^{K} S_t^{Ci}}{\sum_{i=1}^{K} S_t^{wi}} \qquad\qquad (2-11)$$

其中，RQ_t^{Ci} 为中国制造企业产品出口量占世界同类产品出口量的比重，Q_t^{Ci} 为 t 时期中国第 i 种商品的出口量，Q_t^{wi} 为 t 时期世界第 i 种商品的出口量。RS_t^{Ci} 为中国制造企业产品出口额占世界同类产品出口额的比重，S_t^{Ci} 为 t 时期中国第 i 种商品的出口额，S_t^{wi} 为 t 时期世界第 i 种商品的出口额。

运用与测算 GVC 地位指数一致的数据，获得 2000～2015 年中国制造业出口产品占当期世界同类产品出口产品的比重情况，详见表 2－11。

表 2－11　　　　　2000～2015 年中国制造企业出口产品情况

项目	2000 年	2005 年	2010 年	2015 年
中国商品出口数量占比 RQ_t^{Ci}（%）	7.4	13.3	20.7	21.7
中国商品出口额占比 RS_t^{Ci}（%）	3.7	11.1	17.7	22.5
产品种类（种）	959	935	860	850

资料来源：根据 UN Comtrade 数据库及公式 2.10、公式 2.11 作者计算所得。

根据表 2－11，2000～2015 年中国制造企业产品出口量和出口额实现了将大幅度的上升，从 2000 年占世界出口量的 7.4%，增加到 2015 年的 21.7%，尤其是出口额的占比，从 2000 年占世界出口额的 3.7%，增加到 2015 年的 22.5%，其提升幅度显著大于出口量占比的提升幅度。

进一步比较中国制造企业产品出口额和出口量的相对数，可以在一定程度上反映中国制造企业出口产品的相对价格，从而反映中国出口商品在国际市场的竞争力。表 2 – 11 显示，从 2000～2010 年，中国制造企业产品出口数量占世界出口数量的比重一直高于其出口额占世界出口额的比重，说明在此期间，中国制造企业产品的出口以量取胜，但在销售价格上，倾向于相对低价销售，导致销售额的占比与销售量的占比难以匹配。2010 年后，随着产品逐渐升级，其竞争力慢慢凸显，直至 2015 年中国制造企业产品出口额占世界出口额的比重略微超过销售量的占比，这说明随着产品升级，中国企业出口产品的相对价格逐渐上升。

五、中国企业国际化国别及地区分布

1. 对外直接投资的国别及地区分布

近几年来，我国对外直接投资流向的最大特点是流向发达经济体的投资呈快速增长。2016 年，流向发达经济体的投资为 368.4 亿美元，与 2015 年相比，增长幅度为 94%。其中对美国投资增长最快，2016 年中国对美国投资 169.81 亿美元，同比增长 111.5%，占当年美国吸引外资总金额的 4.3%；其次是欧盟，2016 年中国对欧盟直接投资 99.94 亿美元，同比增长 82.4%，占当年欧盟吸引外资总金额的 1.8%。另外，对澳大利亚、加拿大和新西兰的投资均实现较大幅度的增长。[①] 实际上，2016 年，中国对美国、欧盟和澳大利亚的投资均创下历史新高，发达国家越来越成为众多中国企业对外直接投资的首选投资目的地。

中国对不同经济体直接投资存量的构成如图 2 – 7 所示。尽管从存

---

① 数据来源：2016 年度中国对外直接投资统计公报。

量上看，截至 2016 年末中国在发展中经济体的投资存量为 11 426.18 亿美元，占中国对外直接投资存量的 84%，但是中国在发达经济体存量比重上升，至 2016 年底已达到 1 913.97 亿美元，占中国对外直接投资存量的 14.1%。其中对欧盟直接投资存量最高，达到 698.4 亿美元，占在发达经济体投资存量的 36.5%；美国次之，直接投资存量为 605.8 亿美元，占 31.7%；澳大利亚第三，直接投资存量为 333.51 亿美元，占 17.4%；加拿大第四，直接投资存量为 127.26 亿美元，占 6.6%。

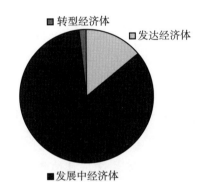

图 2 - 7　中国对不同经济体直接投资存量构成（截至 2016 年末）

资料来源：根据 2016 年对外直接投资统计公报。

从跨境并购角度看，如前所述，2016 年中国企业跨境并购分布于全球 74 个国家（地区）。实际并购金额位居前十的是美国、中国香港、开曼群岛、巴西、德国、芬兰、英属维尔京群岛、澳大利亚、法国和英国。事实上，2014 ~ 2016 年，美国、中国香港、澳大利亚、开曼群岛等国家（地区）三年都是并购金额位居前十的国家（地区）。英国、法国、荷兰等国家（地区）三年中有两年是并购金额位居前十的国家（地区）。说明中国企业并购投资国相对集中，基本流向发达国家。

2. 出口分布

表 2 - 12 是 2010 ~ 2016 年中国货物出口分布。从货物出口所在地

看，2010～2016 年，中国货物出口占比最高的是亚洲，一直占中国所有货物出口总额的 50% 上下，也就是说，中国出口的货物一半都是在亚洲，出口亚洲的货物以出口中国香港为主，在这七年间，出口中国香港的货物基本占出口亚洲总额的 30% 左右，其次是出口日本的，出口日本的货物往往占出口亚洲货物的 13% 上下。

2010～2016 年，中国货物出口占比排名第二的是欧洲，出口欧洲的货物基本占中国所有货物出口总额的 20% 上下，而且近几年有下降的趋势，到 2015 年，出口欧洲货物的占比成为七年来的最低，只有 17.7%，比 2010 年减少了 4.8%。紧随欧洲的是北美洲，北美洲的占比一直略低于 20%，虽然波动不大，但近几年略显上升，在 2013 年到达最低点 18% 之后，缓慢回升，至 2016 年达到了 19.7%。在出口北美洲的货物中，占比最大的是出口美国的，比如 2016 年，在北美洲占比 19.7% 中，有 18.4% 是出口美国的，也就是说，2016 年中国出口美国的货物占出口北美洲货物的 93.4%，这与其他年份基本相同，在 2010～2016 年间，中国出口美国的货物基本均占出口北美洲货物的 90% 以上。2010 年以来，中国出口非洲、拉丁美洲、和大洋洲及太平洋群岛的货物占比一直保持在 10% 上下。

表 2-12　　　　　　2010～2016 年中国货物出口分布　　　　单位：%

地区	2010 年	2011 年	2012 年	2013 年	2014 年	2015 年	2016 年
亚洲	46.4	47.3	49.1	51.3	50.7	50.1	49.6
非洲	3.8	3.9	4.2	4.2	4.5	4.8	4.4
欧洲	22.5	21.8	19.3	18.4	18.7	17.7	18.6
拉丁美洲	5.8	6.4	6.6	6.1	5.8	5.8	5.4
北美洲	19.4	18.4	18.6	18.0	18.2	19.3	19.7
其中：美国	18.0	17.1	17.2	16.7	16.9	18.0	18.4
大洋洲及太平洋群岛	2.1	2.2	2.2	2.0	2.0	2.2	2.3

资料来源：根据 2011～2017 年中国统计年鉴计算而得。

　　表2-12数据显示，中国货物出口地相对集中，亚洲、欧洲、北美洲占了90%左右的货物出口额，而且在这个数据在较长时间内基本保持稳定。这说明未来中国货物出口可以朝大洋洲、非洲、拉丁美洲等地区进一步开拓市场。

第三章 中国企业国际化、公司治理与企业绩效的案例研究

第一节 华为公司案例研究

一、华为公司及其公司治理的基本情况

华为投资控股有限公司（简称"华为"或"华为公司"）是全球领先的信息与通信技术（ICT）解决方案供应商，专注于 ICT 领域，在电信运营商、企业、终端和云计算等领域为运营商客户、企业客户和消费者提供 ICT 解决方案、产品和服务。2017 年《财富》世界 500 强排行榜上，华为以 785.108 亿美元营业收入首次打入前百强，排名第 83 位，较 2016 年的第 129 位提升 46 位。截至 2017 年，华为公司约有 18 万名员工，业务遍及全球 170 多个国家和地区，服务全世界 1/3 以上的人口，是典型的国际化企业。

华为公司的公司治理详见图 3-1。

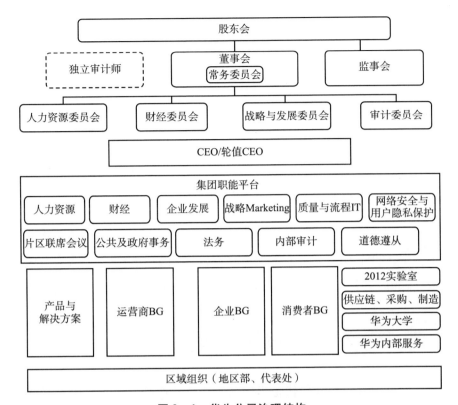

图 3 - 1　华为公司治理结构

资料来源：华为公司 2016 年年报。

　　相比其他企业，华为公司治理最大的特点是它是 100% 由员工持有的民营企业。股东为华为投资控股有限公司工会委员会（下称"工会"）和任正非。华为公司股东会是最高权力机构，由工会和任正非两名股东组成。工会作为公司股东，由全体持股员工代表组成的持股员工代表会审议并决策公司重大事项，代表全体持股员工行使包括选举监事会、审议利润分配方案、增资方案、长期激励有关事项等权利。华为公司通过工会实行员工持股计划，截至 2016 年 12 月 31 日，华为公司共有 81 144 人参与员工持股计划。这个具有特色的员工持股计划将公司利益和员工利益有机地结合在一起，有效地激励了员工共同奋斗的意识。

董事会是华为公司战略和经营管理的决策机构，它负责指导和监督公司整体业务运作，并对公司在运营过程中的重大事项进行决策。董事会下设包括人力资源委员会、财经委员会、战略与发展委员会和审计委员会在内的常务委员会，这些常务委员会根据董事会的授权进行工作。

华为公司监事会的主要职责是负责监督，包括监督企业经营的合规性，监督董事会运作规范性，监督董事、高级管理人员执行职务的行为，并检查公司财务及其经营状况。

华为公司实行董事会领导下的轮值 CEO 制度，轮值 CEO 在轮值期间作为公司经营管理的最高责任人，对公司生存发展负责。在日常管理决策过程中，轮值 CEO 对履行职责的情况及时向董事会成员、监事会成员通报。轮值 CEO 由三名副董事长轮流担任，轮值期为 6 个月，依次循环。

二、华为公司国际化经营及其绩效

华为自 20 世纪 90 年代走出国门至今，其产品、销售、研发遍及亚非美欧，在国际化道路上取得丰硕成果，使企业的产品、服务、品牌、技术等得以全面升级，企业的国际竞争力不断加强。

1. 企业海外业务收入不断增长

自 1996 年华为公司走出国门开始国际化经营至今，公司业务遍及全球 170 多个国家和地区，服务全世界 1/3 以上的人口。企业的营业收入不断增长，从 2009 年的 1 466.07 亿元增长至 2016 年的 5 215.74 亿元，海外业务收入也从 2009 年的 900.21 亿元增长至 2016 年的 2 850.62 亿元（如图 3 - 2 所示），实现了 3 倍的增长。尽管近几年随着华为营业收入的快速增长，其海外业务收入百分比有下降趋势（如图 3 - 3 所示），但其海外业务收入占比一直在 50% 以上，从 2009 ~ 2014 年更是在 60% 以上，最高是 2011 年，达到 67.85%。根据表 3 - 1，从 2015 ~

2016 华为公司不同地区收入情况看，2016 年华为公司国内业务增长较快，收入为 2 365. 12 亿元，比 2015 年的 1 676. 90 亿元增长了 41%。欧洲中东非洲是华为公司除了国内以外的主要市场，2016 年收入为 1 565. 09 亿元，比 2015 年增长 22. 5%，占 2016 年华为全年总收入的 30%。同年，华为亚太、美洲的业务相比 2015 年均有较大幅度的增长。

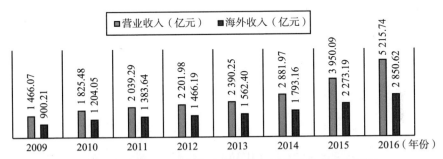

图 3 - 2　2009 ~ 2016 年华为营业收入及海外业务收入情况

资料来源：根据华为公司历年年报，作者自绘。

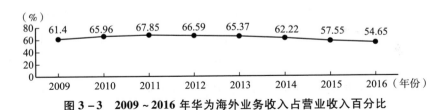

图 3 - 3　2009 ~ 2016 年华为海外业务收入占营业收入百分比

资料来源：根据华为公司历年年报计算而得，作者自绘。

表 3 - 1　　　　　　　　2015 ~ 2016 华为公司不同地区收入情况

地区	2016 年（亿元）	2015 年（亿元）	同比变动（%）
中国	2 365. 12	1 676. 90	41. 0
欧洲中东非洲	1 565. 09	1 277. 19	22. 5
亚太	675. 00	494. 03	36. 6

续表

地区	2016 年（亿元）	2015 年（亿元）	同比变动（%）
美洲	440.82	389.10	13.3
其他	169.71	112.87	50.4
合计	5 215.74	3 950.09	32.0

资料来源：华为公司 2016 年报。

2. 企业的财务绩效提升显著

净资产收益率（ROE）、总资产收益率（ROA）是学者们常用来衡量企业财务绩效的指标。其中：

净资产收益率（ROE）=净利润÷净资产总额

总资产收益率（ROA）=净利润÷资产总额

根据华为公司历年年报，2009～2016 年华为公司的净资产收益率和总资产收益率趋势如图 3-4 所示。根据图 3-4，相比，华为公司 2011 年以后的净资产收益率和总资产收益率均不如 2009 年和 2010 年，但是 2011～2015 年，华为这两个指标呈稳步上升态势，且两者趋势一致，净资产收益率从 2011 年的 17.59% 上升到 2015 年的 31%，总资产收益率从 2011 年的 6.01% 上升到 2015 年的 9.92%。然而在这五年间，根据图 3-3 数据，华为的国际化程度（海外业务收入占比）是逐年下降的，从 2011 年的 67.85% 下降到 2015 年的 57.55%。

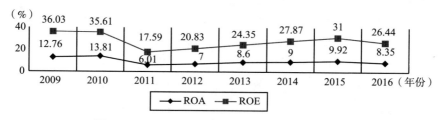

图 3-4　2009～2016 年华为 ROA 和 ROE 趋势

3. 企业的研发实力强劲

在推进市场国际化的同时，华为不断推进产品研发的国际化。自
1999 年成立印度研究所以来，相继在美国、瑞典、俄罗斯、德国、日
本、加拿大、土耳其等地建立了 15 个研究所，加上国内的研究所，华
为在全球的研究所共有 16 个，联合创新中心 36 个，这些研究所和联合
创新中心在全球范围内开展创新合作，共同推动技术的进步。通过研究
所或联合创新中心，华为引入了国际先进的人才、技术，为总部的产品
开发提供了支持与服务。

立足竞争激烈的通信行业，华为非常重视产品和服务更新换代，自
2011 年以来，坚持每年将 10% 以上的销售收入投入研究与开发。华为近
十年累计投入的研发费用超过人民币 3 130.00 亿元，图 3 – 5 和图 3 – 6
分别是 2009 ~ 2016 年华为的研发费用和研发费用占当年营业收入的百
分比。图 3 – 5 和图 3 – 6 显示，自 2009 年以来，华为公司的研发费用增
长迅速，2016 年华为公司研发费用为人民币 763.91 亿元，是 2009 年
133.40 亿元的 5.73 倍，尤其是 2012 年后，研发费用占当年营业收入的
比重达到 13% 以上，2015 年和 2016 年更是达到 15% 上下。另外，2016
年，华为从事研究与开发的人员约 80 000 名，约占公司总人数 45%。

图 3 – 5 2009 ~ 2016 年华为公司研发费用   单位：亿元

图 3 – 6 2009 ~ 2016 年华为研发费用占营业收入百分比

多年的大额研发费用带来丰硕的产出，截至 2016 年 12 月 31 日，华为累计获得专利授权 62 519 件；累计申请中国专利 57 632 件，累计申请外国专利 39 613 件，其中 90% 以上为发明专利。

4. 企业的品牌影响力不断提升

在产品创新能力全面提升的同时，华为通过技术、产品、服务等全方位的升级不断打造世界级品牌，全球高端品牌影响力进一步提升。IPSOS（益普索集团，全球最大的市场研究公司之一）调研结果显示，华为全球品牌知名度由 2015 年的 76% 提升至 2016 年的 81%，并于 2016 年再次入选 Interbrand 最佳全球品牌 TOP 100 榜单，排名 72 位；同时以排名第 50 位的成绩入选 BrandZ 全球最具价值品牌百强。

1995 年，在国外通信市场出现需求紧缩的情况下，国际通信设备巨头均将目标对准刚起步的中国市场，导致中国通信市场竞争格局发生巨变，给华为等国内通信企业造成很大的竞争压力。同时，华为掌门人任正非认识到所有的电信设备商都必须是国际标准化的，不能仅靠区域市场生存。于是 1996 年华为开始了国际化布局，迄今已有 21 年。总体来看，华为的国际化之路是一个渐进式的国际化，大致可以分为三个阶段。

第一阶段：国际化初期。

1996 年，华为与香港和记电信合作，提供以窄带交换机为核心产品的"商业网"产品。和记电信在产品质量、服务等方面的高要求，促使华为的产品和服务得以升级，使其更加接近国际标准，这次合作也使得华为初步积累了国际市场运作的经验。

1997 年华为在俄罗斯建立了合资公司，以本地化模式开拓俄罗斯市场。同年，华为在巴西建立合资企业。随后华为重点开拓发展中国家，在亚非拉等国家建立办事处，利用国内劳动力和原材料成本相对较低的优势逐步占领这些国家及地区的市场份额，并不断向这些地区和国家的周边辐射。2000 年起，华为开始进军包括泰国、新加坡、马来西亚等东南亚市场以及中东、非洲等区域市场，在这些市场上，华为取得了良好的销售业绩。同时，通过与目标地区的通信企业建立战略同盟关系，构建独立的销售网络，实现了市场升级，成功在国际市场上迈出第一步。

第二阶段：国际化发展期。

发展中国家的连战告捷，使华为尝到了国际化的甜头，信心倍增。从 2001 年开始，以 10G SDH 光网络产品进入德国为起点，华为开始进军欧洲市场。2003 年底，华为与西门子签署合作协议，这一合作使得华为数据通信产品在欧洲市场的销量逐年扩大；2004 年，华为与荷兰运营商 Telfort 合作；2005 年，沃达丰将华为作为优选通信设备供应商；2006 年，华为与沃达丰签署 3G 手机战略合作协议。截至 2007 年，华为核心通信设备进入欧洲所有主流运营商。可以发现，在国际化进程中，华为注重发展在"走出去"目标地区的本土化关系，通过与当地代理商合作，华为的产品成功进入德国、法国、西班牙、英国等发达国家，使其产品市场全面升级，国际化水平进一步提高。

第三阶段：国际化提速期。

2009 年至今，华为不断深化转型升级。2010 年，为帮助客户把握 IT 与 CT 行业融合的机遇，华为拓展业务范围，发布了云计算解决方案，在新的领域为客户创造价值。与此同时，公司进一步简化管理，提高运作效率，成立四个营运中心：运营商网络、企业、终端、其他，实现管理升级，使组织层级以及管理流程更加简洁。截至 2016 年，华为成为全球领先的信息与通信技术（ICT）解决方案供应商，海外业务收入占其总收入的 55% ~70%，业务遍及全球 170 多个国家和地区，服务全世界 1/3 以上的人口，是个名副其实的国际化企业。

华为所处的通信制造业是技术密集型企业，其价值链构成大致分为产品设计与研发、加工制造、营销服务三个方面，其中产品的设计与研发是上游环节，加工制造是中游环节，营销服务是下游环节，但是根据"微笑曲线"，处于上游和下游环节的研发和营销附加值较高，能获取较高利润。因此，华为在发展过程中，努力向附加值高的价值链两端发展，通过开发新产品、提高产品工艺质量、合理设置组织层级等方式进行企业内部的升级，同时，华为公司始终坚持技术创新投入，通过技术创新努力从加工制造的价值链低端向研发、营销的价值链高端转移以实现整体价值链升级。

综上所述，20 年来，华为成功地基于国际化经营（包括技术国际化、产品国际化、管理国际化、品牌国际化等）实现了企业升级，企业绩效大幅提升，其产品在国际市场上具有显著竞争力。

第二节　吉利汽车案例研究

一、吉利汽车基本情况

浙江吉利控股集团有限公司（简称"吉利汽车"）于 1997 年进入汽车行业，旗下拥有沃尔沃汽车、吉利汽车、领克汽车、Polestar、宝腾汽车、路特斯汽车、伦敦电动汽车、远程新能源商用车等汽车品牌。吉利汽车一直专注于实业，是中国汽车行业十强企业，在中国上海、杭州、宁波、瑞典哥德堡、英国考文垂、西班牙巴塞罗那、美国加州建有设计研发中心，研发设计与工程技术人员超过 2 万人，在中国、美国、英国、瑞典、比利时、白俄罗斯、马来西亚建有整车工厂，产品销售及服务网络遍布世界各地，截至 2016 年底，吉利集团在 23 个国家设有 24 名销售代理及 489 家销售及服务网点，连续第六年进入世界 500 强，位列第 343 位，排名较 2015 年提升 67 位，在净资产收益率（ROE）排行榜上，吉利汽车在中国公司中排名第四，中国汽车企业中排名第一。

二、吉利汽车国际化经营及其绩效

1. 吉利汽车的海外并购路线

跨境并购是企业实现国际化经营的有效途径。在吉利汽车国际化路上最浓墨重彩的一笔是 2010 年吉利汽车跨境并购沃尔沃，这是当时中国汽车行业最大的海外并购案例。2010 年 8 月，吉利汽车与美国福特汽车公司在瑞典哥德堡正式签署协议，以 18 亿美元收购沃尔沃 100% 股权。目前沃尔沃的一年的营业利润已接近当年的收购价（2017 年沃尔沃营业利润达到 141 亿瑞典克朗，折合约 17.33 亿美元），同时，收购沃尔沃使吉利汽车的技术能力上了一个新平台，这些都使此次收购成为中国汽车企业并购海外汽车企业的经典案例。吉利汽车也从此一发不可收拾，近几年不断加速其海外并购之路。

2013 年 2 月，吉利控股集团通过下属子公司——吉利英国集团有限公司以 1 104 万英镑收购英国锰铜控股的业务与核心资产，包括英国锰铜的厂房、设备、不动产、全部无形资产（包括知识产权、商标、商誉等），以及锰铜与吉利在中国设立的合资工厂中 48% 的股份和库存车辆。

2017 年，吉利汽车跨过年销百万辆大关，一跃成为国内自主汽车企业领头羊。同时，吉利再次开启了"激进"的海外投资模式。2017 年 6 月，吉利汽车与马来西亚 DRB – HICOM 集团签署最终协议，收购 DRB – HICOM 旗下宝腾汽车（PROTON）49.9% 的股份以及豪华跑车品牌路特斯（Lotus）51% 的股份。到 2017 年底，吉利又相继收购美国 Terrafugia 飞行汽车公司，以及沃尔沃集团（AB Volvo）8.2% 股份。2018 年 2 月 24 日，戴姆勒股份公司和浙江吉利控股集团相继公布吉利集团持有戴姆勒股份公司 9.69% 股权的消息。

2. 吉利汽车的产品出口

表 3 - 2 是 2008 ~ 2016 年吉利汽车出口、技术创新投入和企业绩效的相关指标数据。

从出口轿车的数量看，2008 ~ 2016 年，吉利汽车出口轿车存在大幅度波动，2008 ~ 2010 年出现下降趋势，当然这可能和 2008 年国家金融危机有关，国际经济环境恶化使出口减少。值得注意的是，在 2010 年吉利并购沃尔沃之后的 2011 年、2012 年、2013 年，吉利汽车的出口出现井喷式增长，从 2010 年的 20 555 辆猛增至 2013 年的 118 871 辆，是 2010 年的 5.78 倍，占当年吉利集团汽车销售总量的 22%，如图 3 - 7 所示。但是 2014 年后又出现较大幅度的回落，至 2016 年，出口汽车仅为 21 779 辆，仅占当年吉利集团汽车销售总量的 3%。

表 3 - 2　　　　　　　　　2008 ~ 2016 年吉利汽车相关数据

年份	出口轿车数量（辆）	净利润率（%）	净资产收益率（%）	总资产收益率（%）	每股收益（分）	研发费用占营业收入比重（%）
2008	37 940	20.19	20.90	8.70	15.04	未披露
2009	19 350	9.38	18.59	7.02	17.10	0.46
2010	20 555	7.71	17.07	6.46	18.59	0.49
2011	39 600	8.18	16.90	6.23	20.72	0.50
2012	101 908	8.32	15.52	6.53	27.05	0.84
2013	118 871	9.34	16.51	7.98	31.74	0.96
2014	59 721	6.67	8.54	3.89	16.25	0.97
2015	25 734	7.59	11.59	5.41	25.68	0.86
2016	21 779	9.62	20.94	7.65	57.96	0.39

资料来源：根据吉利汽车 2008 ~ 2016 年年报，作者计算整理而得。

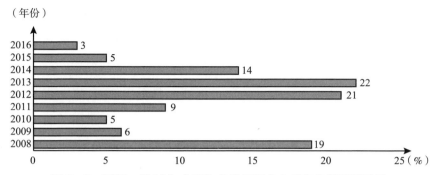

（年份）

图3-7　2008~2016年吉利汽车出口轿车占当年集团销量比重

图 3-7 显示，尽管吉利汽车的跨国并购如火如荼，但是其每年出口轿车占总销量比重一直不高，2012 年和 2013 年最高达到 21% 和 22%，2014 年后出口轿车占销量比重越来越低，到 2016 年达到近十年来最低，仅为 3%，这从一个角度说明了吉利汽车的国际化程度不高，应进一步利用跨境并购后的优势拓展产品的国际市场。

3. 吉利汽车的财务绩效

利用收购的外资品牌反哺自主品牌是吉利选择的发展路径，它也为吉利带来了丰厚的回报，使其 2016 年的净资产收益率在中国汽车企业中排名第一。

表 3-2 显示，2009~2013 年吉利汽车的总资产收益率处于 6%~8% 之间，净资产收益率处于 15%~19%，相对比较稳定，尤其是 2010 年之后的 2011~2013 年，从净利润率、总资产报酬率和每股收益来看，企业绩效处于稳定上升阶段。但是 2014 年各项指标锐减，净利润率、净资产收益率和总资产收益率均是 2008 年以来的最低，及至 2016 年才逐渐恢复，2016 年的净资产收益达到 20.94%，为 2008 年来的最高，且在当年中国汽车企业中排名第一。

4. 吉利汽车的技术创新

表 3-2 最后一列"研发费用占营业收入比重"显示，吉利汽车

2009～2016 年研发费用占营业收入比重在 0.39%～0.96% 之间波动，随着 2016 年营业收入的大幅增长，企业的研发费用没有相应幅度的增加，导致其研发费用占营业收入的比重大幅度降低。尽管吉利汽车的年报数据显示，吉利汽车一直重视技术创新，截至 2010 年底，吉利控股共拥有 1 822 项技术专利，研发人员合共 2 381 名，占集团总员工的近 14%。但是 2009 年以来，企业在研发费用上投入并不充足。以 2015 年为例，表 4-4 显示，国际化企业研发费用占营业收入的比重（RDTR）均值为 3%，非国际化企业 RDTR 均值为 1.3%，但是吉利汽车 2015 年的 RDTR 为 0.86%，远低于国际化企业，也低于非国际化企业的均值。

第四章 企业国际化对公司治理影响的研究

第一节 公司治理的新发展

一、国际组织及各国政府对公司治理的研究

1997 年亚洲金融危机、21 世纪初美国安然事件、世通事件等财务丑闻、2008 年国际金融危机等引发了理论界和实务界对公司治理的高度关注。国际金融公司（International Finance Corporation，IFC）的一份研究表明，治理良好的公司股价在 2008 年国际金融危机期间下跌幅度较小，股本回报率较高，其他关键绩效指标也更好。这说明良好的公司治理有助于降低公司和股东等利益相关者的风险并为其创造更高的价值。因此，国际金融危机后，公司治理再次成为国际组织、各国政府与学者们关注的焦点问题。

国际经济合作与发展组织（OECD）曾在 1999 年发布《OECD 公司治理原则》，并在 2004 年发布修订后的《OECD 公司治理原则》，

该原则旨在帮助政策制定者评估并完善公司治理的法律、监管和制度框架，以保障经济效率、可持续发展和金融稳定。而实现这一目标的主要方式是给予股东、董事会、高管人员以及金融中介机构和专业服务机构正确的引导，使其在分权制衡框架内履行各自职责。《OECD 公司治理原则》主要适用于公众公司，无论是金融类公众公司，还是非金融类公众公司。尽管该公司治理的某些原则可能更适宜于大型公司，但是实施该原则有助于提高包括小型公司和非上市公司在内的所有公司良好的公司治理的意识。自 1999 年发布以来，《OECD 公司治理原则》在世界范围被公认为良好公司治理的国际基准。2008 年金融危机后，经济合作与发展组织公司治理指导委员会制定了"公司治理与金融危机的行动计划"，在其发布的《金融危机的公司治理教训》中指出："金融危机在很大程度上可以归咎于公司治理安排的失效及其内在弱点。"同时，该研究报告进一步明确国际金融危机中暴露出公司治理四个领域的缺陷—内部控制和风险管理的失效，薪酬制度的错位、董事会的责任和运作的不足以及股东权利的缺失。

美国纽约证券交易所一直是公司治理和道德行为最高标准的主要倡导者。它在国际金融危机后的 2009 年专门成立了公司治理委员会（Commission on Corporate Governance，CCG），开始进行公司治理原则的研究。一年多以后，CCG 发布了公司治理报告，认为公司治理的核心原则在于董事会权力、管理层的治理责任，以及股东交易活动、投票决策和治理流程之间的关系。报告认为，董事会承担公司管理方面主要的义务，管理层负责为公司的股东及其他利益相关者的利益经营公司的日常业务，因此，管理层也在公司治理中发挥重要作用。由于股东对于公司的长期经营有重大的经济利益，所以股东对公司基础事项有重要但有限的投票权。同时，报告也认为包括依靠公司提供工作和薪水的员工，公司的客户和销售商等在内的公司其他利益相关者均对公司长期存续有着重大利益。

金融机构公司治理的缺陷是直接导致 2008 年国际金融危机的原因之一。2010 年 10 月，巴塞尔银行监督委员会发布了第三版①的《加强银行业公司治理的原则》。与 1999 版和 2006 版公司治理原则文件相比，2010 版公司治理原则更加突出了董事会在公司治理中的作用，强调董事会对银行负有最终责任。2010 版公司治理原则特别强调银行业稳定公司治理原则的六大构成要素，即董事会行为、高管人员层、风险管理和内部控制、薪酬、复杂或不透明的公司架构、信息披露和透明度。该版公司治理原则将风险管理提到战略高度，并要求员工的薪酬制度与风险管理相联系，巴塞尔银行监督委员会认为国际金融危机暴露出董事会的风险监督功能都没有真正到位。为完善商业银行公司治理，促进商业银行稳健经营和健康发展，保护存款人和其他利益相关者的合法权益，中国银监会于 2013 年 7 月发布了《商业银行公司治理指引》，认为商业银行良好公司治理应当包括但不限于：（1）健全的组织架构；（2）清晰的职责边界；（3）科学的发展战略、价值准则与良好的社会责任；（4）有效的风险管理与内部控制；（5）合理的激励约束机制；（6）完善的信息披露制度。

二、G20/OECD 公司治理原则

2008 年国际金融危机后，为了吸取金融危机的经验教训，进一步夯实公司治理基础，2013 年 OECD 理事会授权公司治理委员会主持，并与 G20 集团合作，邀请 G20 成员中包括中国、俄罗斯、阿根廷、巴西、印度、印度尼西亚、沙特阿拉伯、南非等所有不属于 OECD 的 G20

---

① 1999 年巴塞尔银行监督委员会发布了《加强银行业公司治理的原则》，分别于 2006 年和 2010 年进行修订。

成员平等地和 OECD 成员一起参与对《OECD 公司治理原则》的第二次修订。

2015 年 4 月，二十国集团/经合组织公司治理论坛讨论了《公司治理原则》草案并于 2015 年 7 月 8 日通过了《公司治理原则》。2015 年 11 月，《公司治理原则》在安塔利亚召开的二十国集团领导人峰会上获得审议通过。二十国集团/经合组织公司治理原则被采纳为《二十国集团/经合组织公司治理原则》（G20/OECD Principles of Corporate Governance）。它为确保各国建立强有力的公司治理框架及支持私人投资的稳定性提供了国际通用标准。

2015 版的《G20/OECD 公司治理原则》（以下简称《原则》）共有六章。①

第一章为确保有效公司治理框架的基础。该基础是 G20/OECD 公司治理六大原则之首，2015 版《原则》进一步强调公司治理框架应提高市场的透明度和公平性，促进资源的高效配置，符合法治原则，并为有效的监督和执行提供支持。

第二章为股东权利和平带待遇及关键所有权功能。要求公司治理框架应保护和促进股东行使权力，确保全体股东的平等待遇，包括少数股东及外国股东。在权利受到侵犯时，应保障全体股东均有机会获得有效救济。

第三章为机构投资者、证券交易所和其他中介机构。这一章是 2015 版《原则》的新增章节。随着近十几年来共同基金、养老基金、保险公司和对冲基金等机构投资者持有的股权投资份额的显著增长，其所拥有的很多资产由专业的资产管理人管理，机构投资者和资产管理人参与公司治理的能力和利益发生了很大变化。因此

---

① G20/OECD Principles of Corporate Governance（2015），http：//www. oecd. org/daf/ca/principles - corporate - governance. htm［2016 - 10 - 26］.

2015 版《原则》明确提出："公司治理框架应在整个投资价值链中提供有效的激励机制，并使证券市场在促进良好的公司治理中发挥功能"。

第四章为利益相关者的作用。公司应当承认，其竞争力的提升及最终成功是包括投资者、员工、债权人、客户和供应商以及其他利益相关者等众多资源提供者联合贡献的结果，因此公司治理框架不仅应承认利益相关者的各项权利，而且应鼓励公司与利益相关者之间的多方积极合作。

第五章为信息披露和透明度。《原则》提倡及时披露在定期报告期间发生的所有重大变化，并提倡对所有股东平等对待，向他们同时报告重大或必要信息，所以公司治理框架应确保及时准确地披露公司所有重要事务，包括财务状况、绩效、所有权和公司治理。

第六章为董事会责任。除了指导公司战略外，董事会主要负责监控管理层绩效和为股东获取充足的回报、监督公司风险管理制度等，因此公司治理框架应确保董事会对公司的战略指导和对管理层的有效监督，确保董事会实施风险管理监督。内部控制和风险管理是 2008 年国际金融危机中暴露的公司治理的薄弱环节。风险管理失效给公司和社会造成了巨大损失，2015 版《原则》在内部控制和风险管理方面确定了更高的标准。要求董事会确保公司会计和财务报告系统（包括独立审计）的完整性，并确保适当的管理控制系统到位，特别是风险管理系统、财务和经营控制系统以及合规系统。

《G20/OECD 公司治理原则》修订是在紧密结合近十多年来国际经济环境的变化，充分吸收公司治理领域理论研究成果和实践经验的基础上形成的，G20 集团的参与为该原则提供了一个真正的全球影响力，它对各国政府完善公司治理政策框架具有良好的参考价值，同样，对各国企业如何优化公司治理结构具有相当强的指导作用。

第二节　企业国际化对公司治理
影响的理论研究

一、基于代理理论的国际化企业代理问题

基于信息经济学，代理关系中委托人和代理人信息是不对称的，代理理论认为由于代理人拥有私人信息，委托者不拥有私人信息而造成的双方信息非对称是造就代理问题的根本原因。本书所指的"委托人"和"代理人"泛指代理关系中处于信息优势和信息劣势的主体，因委托人不拥有私人信息，故处于信息劣势，而代理人拥有私人信息，处于信息优势。因此，所谓代理问题，也就是处于信息优势的代理人利用拥有的私人信息损害处于信息劣势的委托人利益的问题（雷新途，2009）。伴随着企业国际化后地域范围和规模的扩大、管理层级的增加，代理关系更为错综复杂。更复杂的代理关系容易导致比非国际化企业更严重的代理问题。从信息经济学角度，可将企业国际化引起的代理问题分为以下几个类型。

1. 国际化缔约阶段的代理问题

企业国际化总是存在有形或无形的契约。以通过跨境并购实现企业国际化经营为例，跨境并购往往存在有形契约，由于地理距离原因，信息沟通成本高，导致其信息沟通比非跨境并购可能更为不畅通，则在缔约阶段更容易存在代理问题。代理人（即被并购方）清楚自身的履约意愿，而委托人（即并购方）掌握的信息是不完全的，不能清楚分析了解代理人的履约情况。在这种信息分布的状况下，作为委托人的并购

方和作为代理人的被并购方缔约容易形成了缔约阶段的代理问题。

2. 国际化履约阶段的代理问题

国际化契约缔结后，委托人和代理人双方信息非对称有两种情况：一是国内的委托人无法直接观测到境外代理人的履约行为，只能根据其履约结果推断履约行为；二是对于履约结果而言，委托人与境外代理人也存在信息非对称，往往境外代理人最清楚履约效果，具有信息优势，而委托人处于信息劣势，这是由于境外代理人代理着委托人的部分决策，委托人远离所决策事件，因而事件本身的信息分布在委托人和境外代理人之间是不对称的。仍然以跨境并购为例，在履约阶段，委托人和代理人发生了变化，并非缔约阶段所指的"并购方和被并购方"，而是合并后的各管理层，比如并购后成为母子公司的，境外子公司的管理者即为代理人，地理距离、制度环境及文化差异等因素均会进一步加大履约阶段的代理问题。作为委托人的母公司往往只能观测到子公司管理者的结果，比如子公司的财务状况、经营成果等，而对这些财务状况、经营成果的相关信息，子公司的管理者是最清楚的，母公司处于信息劣势。

无论是缔约阶段的代理问题还是履约阶段的代理问题，均普遍存在于任何两两之间的企业代理关系之中，尤其是国际化使得委托人和代理人的代理关系更加复杂，其代理问题更为突出。表 4-1 是以跨境并购为例的企业国际化代理关系中常见的代理问题。

企业跨境并购后往往因拥有境外子公司而成为跨国集团公司，这更需要企业建立科学的组织架构，通过合法有效的形式履行出资人职责、维护出资人权益，组织架构的设置需要重点关注境外子公司的发展战略、年度财务预决算、重大投融资、重大担保、大额资金使用、主要资产处置、重要人事任免等重要事项。

表 4 – 1　　　　国际化企业常见的代理问题（以跨境并购为例）

契约阶段	代理问题类型	委托人	代理人	信息或行动
缔约阶段	逆向选择	并购方	被并购方	境外被并购方的资产状况、盈利能力等（即履约资本和意愿）
		股东	管理者	跨境并购所需的管理者才能和品德
		债权人	股东—管理者	所并购项目质量
		管理者	员工	跨境并购所需的员工才能和品德
		政府	股东—管理者	跨境并购的真实经营动机
		客户	股东—管理者	跨境并购后产品质量或质量保证期
履约阶段	道德风险	股东（母公司）	管理者（境外子公司）	是否存在偷懒、职务消费、恶性或过度投资等行为
		管理者	员工	是否存在偷懒、能否完成任务
		债权人	股东—管理者	未将所借资金投资于指定项目、扩大债务、投资不足等
		政府	股东—管理者	纳税、环保、就业等社会责任
		客户	股东—管理者	公允价格、产品质量

注：表中缔约阶段股东、管理者、债权人、客户、员工等均指并购方股东、管理者、债权人、客户和员工。

　　企业集团是介于市场和企业之间的特殊组合体。与单一企业相比，企业集团规模大、信息链长、集团成员企业地理分布广泛且分散等客观条件限制导致信息不完整。特别是大型跨国企业集团，客观原因限制导致的信息不完整表现尤为突出，对公司组织架构提出了更高要求。从代理关系来看，母公司与境外子公司的利益冲突和协调问题是跨国集团公司最突出的代理问题。由于企业控制权原因，母公司在解决这种利益协调和冲突中处于主导地位，境外子公司处于从属地位。因此，在与境外子公司的代理关系中，母公司充当了跨国集团内母子公司"代理关系"中管理者的角色，母公司是委托人而境外子公司是代理人。在设置跨国集团企业的组织架构时，应充分考虑解决母子公司代理关系中的代理问题。

二、企业国际化对公司治理提出了更高要求

1. 国际化对公司治理提出了更高要求：基于代理理论的解释

国际资本流动使中国企业国际化的步伐不断加快，然而正如前文提到，复杂的代理关系加剧了国际化企业代理问题而提高了企业经营风险，企业为了控制风险，必须通过激励手段激励代理人，使其能够在满足自身利益的前提下，最大化委托人利益。在激励的同时，需要设计监督程序才能进一步控制风险。事实上，在委托代理关系中无法避免监督问题，在不对称信息的情况下，如果委托人花更多的时间和精力或者专门雇佣监督人员以对代理人进行监督，则可以在一定程度上更多地了解代理人的信息从而减少信息非对称。同样，即使在最优激励机制下，委托人仍需要加强对代理人的监督，以提高代理人的努力程度。

以企业国际化后的集团公司为例，境外子公司履行代理契约过程实质上是境内外母子公司博弈均衡过程。国际化集团公司有效减少境外子公司代理问题的关键是通过激励和监督让理性的境外子公司选择主动履行代理契约，减少对委托人的损失。理性的境外子公司在权衡履约成本和履约收益后决定是否履约，当子公司履约收益大于履约成本时，它会选择履约而不违约，否则，它将选择违约。境外子公司不履约而违约的成本大小与其违约所受处罚力度及概率相关。而违约所受处罚概率与作为委托人的母公司监督力度相关，监督力度越大，违约所受处罚概率越高。同时，母公司的监督力度与子公司违约概率以及违约带来的损失金

额相关：损失金额越大，监督力度就会越大。因此，母公司监督力度是母公司与境外子公司之间博弈的结果。

假设母公司对境外子公司实施有效监督概率为 P_1，$P_1 \in [0, 1]$，不监督或监督无效的概率为 $1 - P_1$；子公司违约的概率为 P_2，$P_2 \in [0, 1]$，不违约的概率为 $1 - P_2$；子公司若违约受母公司惩罚而带来的损失为 L，违约给子公司带来的收益为 G；母公司的监督成本为 C，境外子公司违约造成母公司剩余损失为 M，子公司违约被惩罚带给母公司收益为 E。表 4 - 2 表示母公司和境外子公司混合战略对策矩阵。

表 4 - 2   跨国集团母子公司的监督与违约博弈

母公司	子公司	
	违约 P_2	不违约 $1 - P_2$
有效监督 P_1	E - C - M, G - L	- C, 0
不监督或监督无效 $1 - P_1$	- M, G	0, 0

资料来源：根据作者对企业国际化后母子公司监督和违约博弈的理解而设计。

境外子公司的期望收益 U_1：

$$U_1 = (G - L)P_1P_2 + 0 \times (1 - P_2)P_1 + GP_2 \times (1 - P_1)$$
$$+ 0 \times (1 - P_1)(1 - P_2) = P_2(G - LP_1)$$

因此，境外子公司最优化的一阶条件为：

$$\frac{\partial U_1}{\partial P2} = G - P_1L = 0 \text{ 得出：} P_1 = \frac{G}{L}$$

因此在境内外母子公司博弈均衡中，母公司以 $P_1 = G/L$ 的概率选择对境外子公司实施监督，而以 $1 - G/L$ 的概率选择不实施监督。如果母公司成功实施监督的概率大于 G/L，则境外子公司会选择履约而不违约；如果 L < G，则境外子公司一定会选择违约。

母公司的期望收益 U_2：

$$U_2 = (E - C - M)P_1P_2 - C \times (1 - P_2)P_1 - MP_2 \times (1 - P_1)$$
$$+ 0 \times (1 - P_1)(1 - P_2) = P_1(EP_2 - C) - MP_2$$

母公司最优的一阶条件为：

$$\frac{\partial U_2}{\partial P_1} = EP_2 - C = 0, \quad P_2 = \frac{C}{E}, \quad C = EP_2$$

在境内外母子公司博弈均衡中，境外子公司以 $P_2 = C/E$ 的概率选择违约不履约，以 $1 - C/E$ 的概率选择不违约。而母公司对境外子公司最优的监督力度是使监督成本 $C = EP_2$。博弈结果显示，如果境外子公司违约发生的概率 $P_2 > C/E$，母公司会对其实施监督，发生监督成本 C；如果境外子公司违约概率 $P_2 < C/E$，母公司不会对子公司实施监督；当 $P_2 > 1$，也就是母公司的监督成本 $C > E$，理性的母公司将不再对子公司实施监督。尽管从理论上说，母公司对境外子公司实施监督可以杜绝代理问题，但这在现实中不可能实现，母公司对境外子公司监督的功效受到监督成本的限制，一旦边际监督成本超过边际剩余损失的减少额，则母公司对子公司的监督进入"监督过度"状态，导致得不偿失。

但是，往往子公司尤其是境外子公司是属于"最难以监督的经营者"（张维迎，1997），由于母子公司的信息非对称，在博弈过程中，母公司的监督职能作为"硬"治理手段存在局限性，因此需要在其和子公司之间进行妥协而寻求一种"软"治理，对子公司建立激励机制。

由以上分析可以得到，企业国际化经营成为跨国企业集团后，代理问题会更加复杂，有效的监督和激励有助于减少国际化企业的代理问题，而完善国际化企业的公司治理结构能提高母公司对境外子公司的有效监督和激励程度。

2. 国际化对公司治理提出了更高要求：基于不完备契约理论的解释

格罗斯曼与哈特（Grossman & Hart, 1986）、哈特和摩尔（Hart &

Moore，1990）开创了正式的不完备契约理论。相比完备契约理论通过事先设计完备契约规定各种可能状态下缔约方的权利和责任，不完备契约理论认为在设计契约时并不一定追求"完备契约"，该理论注重通过设计再谈判机制（renegotiation）以对不完备契约存在的漏洞问题进行谈判和博弈。因此，如果一个契约不能准确描述与交易有关的所有未来可能状态以及每种状态下缔约方的权利和责任，则该契约是不完备契约（雷新途，2008）。1937年，科斯在《企业的性质》一书中指出："由于预测的困难，关于商品或劳务供给的契约期限越长，那么对买方来说，明确规定对方该干什么就越不可能，也越不合适（科斯，1937）"。此后，较多学者开始研究契约的不完全性，及至格罗斯曼与哈特、哈特和摩尔正式提出不完备契约理论。学者们普遍认识到，某种程度的有限理性或者交易费用的存在使得现实中的契约往往是不完全的。由于格罗斯曼与哈特、哈特和摩尔的两篇论文开创了正式的不完备契约理论，因此狭义的不完备契约理论也被称为 GHM 理论，广义的不完备契约理论包括 GHM 理论，也包括以威廉姆森（Williamson）、克莱因（Klein）为代表的交易费用经济学（TCE）关于契约不完备的观点和主张，这也是本书所采用的观点。

以威廉姆森、克莱因为代表的交易费用经济学采用了一种比较契约的方法研究经济组织，认为交易是基本的分析单位，为了描述各类交易，交易费用经济学依赖交易发生的频率、交易所面临的不确定性程度和类型、资产专用性的条件三个维度。在这三个维度中，最重要的是第三个维度—资产专用性。

资产专用性是指在不牺牲生产价值的条件下，资产可重新用于不同用途和由不同使用者使用的程度。它与沉没成本概念相关。威廉姆森（Williamson，1983）将资产专用性划分四类：（1）场地专用性资产（site asset specificity），买者和卖者彼此处于一种"紧挨着"的关系，这种决策可以使库存和运输成本最小。如发电厂在煤矿附近的各种厂房、建筑物及土地的投资，但是一旦场地设定，放置其中的资产就具有高度专用性；（2）物质资产专用性（physical asset specificity），如费舍公司（威廉姆森举例时提到的一家汽车车身制造公司）为通用公司所需要的车身量身定制的专用设备。这时物质资产的价值很大程度依赖稳定的采购或供应契约关系；（3）人力资产专用性（human asset specificity），不同行业的人力资产具有专用性，如车床加工的工人只能在制造业发挥价值，而不能到建筑业发挥作用；（4）专项资产（dedicated asset specificity），即为某一交易的具体需求而投资形成的专用性资产。如果某供应商根据其一大客户特定产品要求而进行投资，若该大客户改变合同，供应商就面临严重的生产过剩问题。

克莱因、克劳福德和阿尔钦（Klein & Crawford，Alchain；1978）认为交易一方进行了专用性投资就可能产生一种可占用的专用性准租金（appropriable quasi rent）。准租金在金额上等于专用性投资最优被使用的价值与其次优被使用价值的差额。这说明，随着资产专用性程度的提高，专用性投资可占用准租金也将提高。由于契约的不完备，专用性资产投资容易形成套牢或敲竹杠问题，也就是专用性资产的准租金可能会被具有机会主义倾向的缔约主体所攫取。套牢或敲竹杠问题与资产的专用性密切相关，如果资产具有普遍适用性而不具有专用性，也就是说资产所有者可以在市场上找到其他交易主体并与之缔约，则不会存在套牢或敲竹杠问题。

企业国际化后由于资产专用性增强，企业获取"正剩余"的组织租金的可能性增加，但是国际化投入会形成一种套住效应，在一定程度上约束着国际化企业，且这种投入往往不具有可逆性，投入后一旦自然状态发生变化导致专用性资产不能产生准租金，则国际化投入将会付之东流。因此企业国际化后专用性资产存在被"敲竹杠"的风险更高。

另外，企业国际化后资产专用性程度的提高使可占用准租金也就越大，但是由于契约的不完备，专用性资产投资形成的准租金可能会被具有机会主义倾向的另一方攫取。按照威廉姆森的观点，专用性资产是一种关系型专用性投资（relationship-specific investment）。因此企业国际化过程中的境内外特定专用性资产是针对特定国际化项目或特定的国际化契约关系而投资的，假设国际化契约关系发生变化，企业决定不在某国实施国际化经营，专用性资产价值也将发生变化。所有这些都对国际化企业的公司治理提出了更高的要求。

第三节　企业国际化对公司治理影响的实证研究

全球经济一体化进程促使越来越多企业实施国际化经营战略，这既是企业执行"走出去"发展战略的必然结果，更是开放条件下企业升级和体现国家"一带一路"倡议的重要途径。无论是代理理论还是不完备契约理论均有助于解释企业国际化经营对公司治理提出的更高要求，合理设置公司治理结构是国际化企业科学决策的根本。单东（2009）、祝锦祥（2014）等通过研究均得出企业升级的途径之一是优化公司治理结构。事实上，合理的公司治理结构是企业成功通过国际化经营实现升级的保障。因此，本部分重点从理论和实证检验国际化经营对公司治理的影响，也就是说，重点检验企业国际化与公司治理的关系，以求进一步优化公司治理结构，保障企业国际化的顺利进行。

众所周知，企业国际化经营是把"双刃剑"，在给企业带来全新发展机遇的同时，企业经营边界、竞争环境和竞争优势的改变使国际化经营企业面临更复杂的决策和信息处理过程。企业在国际化进程中，不可避免地要面对来自东道国和相关经济实体各种不确定性因素的影响，从而给国际化经营带来一定的风险。宋渊洋和李元旭（2010）、周建和张双鹏（2016）研究表明，面对企业实施国际化战略后的经营复杂性难题，包括控股股东、董事会结构、董事长总经理两职设置、高管人员激励等在内的公司治理发挥至关重要的作用。因此，在企业实施国际化战略之后，企业需要适时调整公司治理机制以更好地处理国际化竞争带来的复杂问题，提升国际化竞争优势，降低国际化经营风险。

在股权高度集中、所有权性质具有异质性的中国，不同所有权性质的企业追求的目标并不一致（于东智，2001），且由于要素密集度不同，不同行业企业国际化程度及其对公司治理的影响均不相同，如何根据国际化进程调整公司治理结构以进一步降低国际化经营风险，促进国际化战略的成功实施是不同所有权性质以及不同行业国际化企业必须要解决的问题。鉴于此，本部分利用 2009～2014 年有海外业务收入的非金融类上市公司数据检验不同所有权性质、不同行业企业国际化程度对公司治理结构的影响，具体探讨国际化程度对董事长总经理两职设置、高管人员激励和董事会结构的影响，为国际化企业适时调整公司治理、降低经营风险、成功实现企业升级提供依据。

一、文献回顾与研究假设

国际化是公司重要战略，它能改变企业战略、竞争和竞争优势的本质与边界，为企业提供成长机会、规模经济和范围经济，促进企业的组织学习和比较优势开发。然而有学者以台湾企业为样本，发现国际化企业相比于国内企业要付出更多的监管成本，更容易出现由信息不对称产生的代理问题。另外，国际化使企业面临更加多样化的顾客、竞争对手和法律法规，增加需要处理的信息量，企业必须建立相应的信息处理机制以有效应对信息复杂化问题，尤其需要进一步完善公司治理结构以提高国际化经营决策效率。

自汉布里克和梅森（Hambrick & Mason，1984）提出高阶梯队理论（Upper Echelon Theory）以来，学者们对企业国际化程度和公司治理结构关系的研究多是基于高阶梯队理论和代理理论围绕着高管人员激励、董事长总经理两职设置和董事会结构等方面展开，然而得出的结论却不完全一致甚至截然相反。桑德斯和卡彭特（Sanders & Carpenter，1998）通过实证研究证明了跨国公司的国际化程度与董事会规模、外部董事比例、CEO薪酬水平和长期激励薪酬比例正相关；而与CEO兼任董事长负相关。较多学者研究了对高管人员持有股份比例与国际化的关系，但是得出的结论不一，有学者认为高管人员的持股比例越高，越有利于企业的国际化（Carpenter & Pollock，Leary；2003；Zahra，2003）。也有学者研究以家族企业和中小企业为研究对象，得出的结论是高管人员股份越高，越不利于家族企业和中小企业的国际化（Fernández & Nieto，2006；George，2005）。同时，费尔南德斯和涅托（Fernández & Nieto，2006），乔治（George，2005）等学者研究了外部董事比例与企业国际化的关系，认为外部董事比例越高，则越有利于企业国际化。以上西方学者对不同国家企业国际化与公司治理各因素关系的研究构成以下研究假设的基础。

现代企业制度下，越来越多企业选择董事长总经理两职分离以减少代理问题，尤其在国有性质企业，两职分离更为普遍。桑德斯和卡彭特（Sanders & Carpenter，1998）通过实证研究证明了国际化程度与CEO兼任董事长负相关。然而，克劳斯和塞马代尼（Krause & Semadeni，2013）研究发现两职分离常常出现在企业发展的稳定时期或财务绩效下降阶段。而现阶段是中国不同所有权性质不同行业企业国际化经营的起步阶段，是"摸着石头过河"不断积累经验阶段，面对国际化经营带来的复杂问题，董事长总经理两职合一能够使国际化企业提高决策效率，提高应对国际市场环境变化的能力。乔治发现，当董事长和CEO两职不相分离时，越有利于企业国际化。基于此，提出假设1：

H1：国际化程度与董事长总经理两职合一呈显著正相关。

加强高管人员激励被认为是减轻国际化经营带来的复杂代理问题的

有效措施。卡彭特、波洛克和利里（Carpenter & Pollock，Leary；2003）和蒂豪尼（Tihanyi，2003）都认为对高管人员的股权激励和高薪酬激励与企业国际化存在正相关关系。随着中国企业国际化越来越多地向发达国家发展，[①] 对应的贸易国拥有较好的市场信息环境，所以股东容易观测到高管人员的经营行为（Shroff et al.，2013）。而且，除了面临着国内投资者的信息需求，国际化企业可能因贸易国政府和市场的监管要求而披露更多的经营信息，这些都使股东能通过多方渠道了解高管人员的经营行为，有利于高管人员股权激励措施的实施。但是另一方面，企业国际化经营绩效受东道国的经济、政治、文化等因素影响较大，不确定性问题更加突出，管理层有可能依赖东道国较好的市场环境而非通过其努力经营获取额外收益。虽然对高管人员的股权激励能在一定程度上缓解代理问题，但当股东并不能获取足够有效的信息来辨别经理人努力程度时，股权激励的效果可能降低。王新等（2014）研究表明企业国际化经营的条件下，相比民营企业，国有企业高管人员的股权激励效果被显著降低。基于以上分析，提出假设2：

H2：国际化程度与高管人员激励呈显著正相关。

H2a：国际化程度提升，国有性质企业倾向于使用薪酬激励激励高管人员。

H2b：国际化程度提升，非国有性质企业倾向于使用股权激励激励高管人员。

公司治理结构中，董事会作用举足轻重。国际化企业为了更好地应对因国际化而带来的经营复杂性和信息不对称，不仅需要适当扩大董事会规模，而且需要拥有更多专业知识和国际化经验的专业人士加入董事会。谢尔曼（Sherman，1998）研究了董事会与国际化程度的关系，并

---

① 根据《2014 年中国对外直接投资统计公报》，2014 年流向发达经济体的投资较 2013 年实现了 72.3% 的高速增长。中国对欧盟、美国、澳大利亚的投资均创历史最高值，发达国家已成为众多中国企业对外投资的首选投资目的地。

进一步研究了董事会专业委员会与国际化程度的关系。研究表明，公司董事会规模、专业委员会规模和独立董事比例均与国际化程度正相关。这与桑德斯和卡彭特（Sanders & Carpenter，1998）、费尔南德斯和涅托（Fernández & Nieto，2006）、乔治（George，2005）等学者的研究结果一致。国内学者周建（2013）认为董事会拥有更多的国际化知识，掌握更多的公司内部信息，有利于企业国际化经营与管理，提高企业的国际化程度。理论上来说，独立董事具备财务、法律等专业知识，对国际化经营所面临的国内外环境能进行独立的专业分析，势必有利于企业国际化决策。基于以上分析，提出假设3：

H3：国际化程度与独立董事比例呈显著正相关。

二、模型、变量与数据

综合以上分析，在借鉴桑德斯和卡彭特（Sanders & Carpenter，1998）、周建和张双鹏（2016）等学者研究的基础上，构建计量回归基本模型如下。

$$Y_i = \beta_0 + \beta_1 International + \beta_2 STO + \beta_3 Size + \beta_4 Lev + \beta_5 ROE$$
$$+ \sum \beta Industry_t + \sum \beta Year_t + \varepsilon \qquad (4-1)$$

其中，$Y_i(i=1，2，3，4)$ 为被解释变量，根据研究假设，Y_1 为董事长总经理两职分离（Dir-ceo），Y_2 为高管人员持股（TTS），Y_3 为高管人员薪酬（TTP），Y_4 为董事会结构（Indepen）。

使用虚拟变量度量董事长总经理两职设置（Dir-ceo）情况，如果董事长兼任总经理，取值为0，否则，取值为1；选择高管人员持股和高管人员年薪的自然对数作为高管人员薪酬变量以分别反映对高管人员的长期激励和短期激励；选择独立董事占董事会成员比例（Indepen）以反映董事会结构。为了避免可能发生的内生性问题，且由于国际化程度对公司治理的影响可能存在滞后效应,借鉴李维安、李滨(2008)、宋渊洋、李元旭(2010)、周建、张双鹏(2016)等学者的处理,被解释变量取值采用滞后一期。

解释变量 International 反映企业的国际化程度。学者们往往采用海外销售收入占总销售收入的比重、海外资产占总资产的比重以及海外雇员数占总雇员数的比重三个指标衡量企业国际化程度。但是这三个指标是高度相关的(Sullivan,1994)。考虑到数据的可获取性,和目前多数国内研究者(宋渊洋、李元旭,2010;周建、张双鹏,2016)类似,采用海外销售收入占营业收入的比重(FSTS)反映企业的国际化程度。

另外,选择对公司治理有较大影响的因素作为控制变量,包括企业性质(STO)、公司规模(Size)、盈利能力(ROE)、资产负债率(Lev)、行业(Industry)、年份(Year)等。各变量具体说明详见表 4 - 3。

表 4 - 3　　　　　　　　　　　变量定义或说明

变量符号	变量含义	变量定义或说明
Dir-ceo	董事长总经理两职分离	董事长总经理两职分离,Dir-ceo = 1,否则为 0
TTS	高管持股	高管持股总数的自然对数
TTP	高管薪酬	高管薪酬总额的自然对数
Indepen	董事会结构	Indepen = 独立董事人数/董事会总人数
FSTS	国际化程度	FSTS = 海外业务收入/营业收入
STO	企业性质	企业性质为国有时,STO = 1,否则,STO = 0
Size	公司规模	资产总额的自然对数
ROE	企业盈利能力	ROE = 净利润/净资产 × 100%
Lev	杠杆比率	Lev = 负债总额/资产总额 × 100%
Industry	行业效应	根据行业聚类分析,生成 2 个哑变量 *
Year	年度效应	共有 6 个会计年度,生成 5 个哑变量

注: * 表示行业聚类分析及结果,详见第二章。

为了检验企业国际化对公司治理的影响，本书选取 2009～2014 年至少一年海外业务收入大于 0 的中国 A 股非金融类上市公司为样本公司。样本区间从 2009 年开始是因为 2008 年爆发国际金融危机，这一事件使企业国际化环境发生了重大变化，为了使数据具有可比性，防止金融危机对国际化相关研究数据的干扰，本研究从 2009 年开始。数据主要源自国泰安（CSMAR）数据库和 Wind 数据库，并利用手工收集手段补充部分缺失数据。如前所述，为了避免企业国际化和公司治理的内生性问题，解释变量和控制变量取值区间为 2009～2014 年，被解释变量公司治理的相关指标取值采用滞后一期，选择 2010～2015 年。基于数据的可比性考虑，样本中剔除财务数据异常的 ST 类公司和变量数据不全的公司，最终得到 3 922 个观测值，其中 2009 年 355 个观测值，2010 年 509 个观测值，2011 年 673 个观测值，2012 年 764 个观测值，2013 年 769 个观测值，2014 年 852 个观测值。

三、实证结果与分析

1. 描述性统计结果

主要变量的描述性统计结果详见表 4 - 4，其中行业聚类分析依据第二章表 2 - 4 的结果。

表 4 - 4　　　　　　　　主要变量的描述性统计

变量名	全部		国有		非国有		技术密集型		劳动密集型		资本密集型	
	均值	标准差	均值	标准差	均值	标准差	均值	标准差	均值	标准差	均值	标准差
Dir-ceo	0.69	0.464	0.82	0.381	0.63	0.482	0.62	0.486	0.73	0.445	0.7	0.458
TTS	14.863	3.308	12.196	3.102	15.887	2.770	15.523	2.991	14.182	3.342	14.816	3.376

变量名	全部		国有		非国有		技术密集型		劳动密集型		资本密集型	
	均值	标准差	均值	标准差	均值	标准差	均值	标准差	均值	标准差	均值	标准差
TTP	15.164	0.726	15.328	0.767	15.101	0.699	15.194	0.711	15.144	0.758	15.158	0.720
Indepen	0.373	0.057	0.368	0.057	0.375	0.057	0.379	0.058	0.374	0.061	0.370	0.055
FSTS	0.224	0.234	0.196	0.218	0.235	0.239	0.237	0.246	0.27	0.262	0.202	0.214
Size	21.702	1.230	22.314	1.452	21.467	1.042	21.482	1.119	21.832	1.219	21.753	1.269
Lev	39.098	21.012	51.586	19.691	34.304	19.479	35.022	19.646	43.205	21.617	39.431	21.066
ROE	8.564	11.030	7.696	14.582	8.898	9.295	8.794	10.504	7.644	12.824	8.794	10.537
有效的 N	3 922		1 088		2 834		966		783		2 173	

资料来源：根据 Wind 数据库和 CSMAR 数据库中国 A 股上市公司数据，经筛选得 3 922 个观测值运用 SPSS 19.0 软件经描述性分析后整理而得。

根据表 4 - 4，被解释变量公司治理的四个指标中，全部观测值的董事长总经理两职分离（Dir-ceo）的均值是 0.69，说明样本公司的董事长总经理以两职分离为主，尤其是国有公司，两职分离的均值为 0.82，远远高于非国有公司的均值 0.63，说明非国有性质企业中董事长兼总经理的现象比国有企业更普遍。从行业角度看，技术密集型企业的两职分离均值为 0.63，低于资本密集型和劳动密集型企业，意味着相比资本密集型和劳动密集型企业，技术密集型企业更倾向于两职合一。全部观测值的高管人员股权激励（TTS）均值为 14.863，高于国有性质企业的高管人员股权激励均值 12.196，低于非国有性质的该管股权激励均值 15.887，说明非国有企业比国有企业更多运用高管人员股权激励，结合高管人员薪酬激励（TTP）的均值，发现国有性质企业更倾向于对高管人员进行薪酬激励而非股权激励，其薪酬激励均值 15.328 大于全部观测值的均值 15.164 和非国有性质企业的均值 15.101。分行业看，技术密集型企业高管人员股权激励均值为 15.523，高于资本密集型企业和劳动密集型企业的均值。对高管人员激励的统计数据显示，技术密集型企业及非国有性质企业更愿意使用股权激励手段，运用长期激励政策留住人才。独立董事比例（Indepen）的均值在不同所有权性质不同行业之间几乎不存在差异，都在 0.37 左右，表明所有上市公司在独立董事人员设置上均按照证监会的要求设置，上市公司间不存在明显差异。

表 4-4 显示全部观测值的企业国际化程度（FSTS）均值为 0.224，表明样本公司在 2009~2014 年期间有 22.4% 的收入来自海外，其中国有性质公司海外业务收入占总收入比重的均值为 0.196，低于非国有性质企业均值 0.235，意味着近几年来，中国企业的国际化发展是以非国有企业为主的。不同所有权性质和不同行业的 FSTS 均值分年数据详见表 4-5，不同所有权性质的企业在 2009~2015 年间的 FSTS 均值基本保持稳定，国有性质企业的 FSTS 均值一直明显低于非国有性质企业，图 4-1 反映了不同所有权性质企业 FSTS 均值变化趋势。区分行业后，表 4-5 显示 FSTS 均值最高的是劳动密集型企业，均值为 0.27，高于技术密集型企业的均值 0.237 和资本密集型企业的均值 0.202。

表 4-5　　2009~2015 年不同产权性质不同行业企业 FSTS 均值

企业	2009 年	2010 年	2011 年	2012 年	2013 年	2014 年	2015 年
全部	0.207	0.235	0.226	0.225	0.219	0.226	0.226
国有	0.196	0.208	0.19	0.189	0.19	0.204	0.204
非国有	0.216	0.25	0.24	0.237	0.228	0.232	0.231
技术密集型	0.263	0.286	0.222	0.152	0.242	0.252	0.248
资本密集型	0.166	0.193	0.233	0.195	0.197	0.204	0.207
劳动密集型	0.241	0.274	0.211	0.349	0.245	0.254	0.249

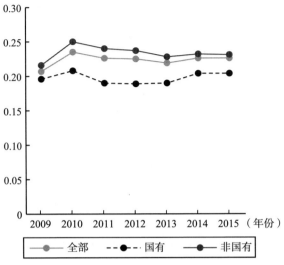

图 4 - 1　不同所有权性质企业 FSTS 均值

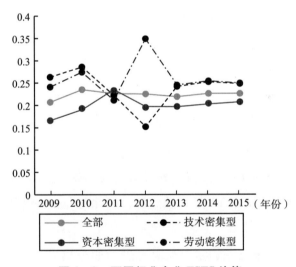

图 4 - 2　不同行业企业 FSTS 均值

资料来源：根据 Wind 数据库和 CSMAR 数据库中国 A 股上市公司数据整理而得。

同样通过对不同行业 2009～2015 年的 FSTS 比较发现，三大行业中劳动密集型企业的各年 FSTS 均值都处于较高水平（如表 4 - 5 所示），资本密集型企业的国际化程度相对较低，而技术密集型企业的 FSTS 均值处于波动状态，在 2011 年、2012 年期间下降明显，尤其是 2012 年，尽管 2013 年后有所回升，但是其均值仍低于 2009 年和 2010 年，图 4 – 2 反映了不同行业企业 FSTS 均值变化。三大行业的 FSTS 均值比较进一步印证了中国企业创造海外业务收入仍然以处于价值链中低端的劳动密集型产品为主，开放条件下企业升级的方向是不断朝资本密集型和技术密集型发展。

　　表 4 – 6 是变量之间的相关性检验。在各变量之间的相关性检验中，相关系数基本均小于 0.5，因此基本可以判断变量之间不存在严重的多重共线性问题。并且发现高管人员股权激励（TTS）与解释变量企业国际化程度（FSTS）显著正相关，董事长总经理两职分离（Dir-ceo）、高管人员薪酬激励（TTP）与企业国际化程度（FSTS）呈显著负相关，独立董事比例（indepen）与企业国际化程度（FSTS）负相关但不显著。

2. 回归结果分析

（1）全样本回归结果。

　　表 4 – 7 是企业国际化对公司治理影响的全部观测值回归结果。模型一、模型二、模型三、模型四分别是以 Y1（Dir-ceo）、Y2（TTS）、Y3（TTP）、Y4（Indepen）为被解释变量构建的模型。在以 Y1 为被解释变量构建模型时，由于 Y1 是离散变量，因此为 Logistic 回归模型，其余为线性模型。

　　根据表 4 – 7 模型一，董事长总经理两职分离（Dir-ceo）与企业的国际化程度呈显著的负相关关系，这意味着随着国际化程度的提升，企业倾向于董事长总经理两职合一以提高决策效率，这与周建、张双鹏（2016）的研究结果相同，也证实了研究假设 H1。模型二和模型三是反映企业国际化程度对高管人员激励手段的影响，回归结果显示，高管人员股权激励与企业国际化程度显著正相关，而高管人员薪酬激励与企

表 4 - 6

变量的 Pearson 相关系数

变量名	Dir-ceo	TTS	TTP	Indepen	FSTS	Size	Lev	ROE	STO	Industry	Year
Dir-ceo	1										
TTS	-0.363***	1									
TTP	0.095***	-0.027	1								
Indepen	-0.118***	0.058***	-0.025	1							
FSTS	-0.062***	0.110***	-0.036**	-0.027	1						
Size	0.141***	-0.239***	0.398***	-0.004	-0.073***	1					
Lev	0.183***	-0.398***	0.200***	-0.024	-0.099***	0.419***	1				
ROE	-0.017	0.104***	0.279***	0	-0.062***	0.106***	-0.137***	1			
STO	0.236***	-0.609***	0.182***	-0.053***	-0.074***	0.308***	0.368***	-0.049***	1		
Industry	-0.067***	0.131***	0.028	0.015	-0.039**	-0.098***	-0.130***	0.033**	-0.113***	1	
Year	-0.042***	0.169***	0.133***	0.080***	0.003	0.084***	-0.023	-0.099***	-0.130***	0.051***	1

注：*** 在 0.01 水平（双侧）上显著相关；** 在 0.05 水平（双侧）上显著相关。

资料来源：根据 Wind 数据库和 CSMAR 数据库中国 A 股上市公司数据，经筛选得 3 922 个观测值运用 SPSS 19.0 软件经相关性分析后整理而得。

表 4-7　　　　　　企业国际化对公司治理影响的回归结果

变量	模型一	模型二	模型三	模型四
	系数值	系数值	系数值	系数值
常量	-1.528 **	16.16 ***	10.646 ***	0.36 ***
	(4.073)	(20.447)	(53.904)	(20.13)
FSTS	-0.369 **	0.829 ***	0.067	-0.008 *
	(6.021)	(4.776)	(1.552)	(-1.922)
Size	0.1 **	-0.036	0.174 ***	0
	(7.593)	(-0.944)	(18.452)	(0.355)
Lev	0.01 ***	-0.028 ***	0.003 ***	-0.00003221
	(22.553)	(-12.67)	(5.673)	(-0.635)
ROE	-0.002	0.02 ***	0.018 ***	0.000002397
	(0.161)	(5.395)	(19.436)	(0.028)
STO	1.083 ***	-3.787 ***	0.162 ***	-0.006 **
	(110.964)	(-38.024)	(6.492)	(-2.452)
Industry	-0.109 **	0.214 ***	0.07 ***	0
	(4.053)	(3.501)	(4.609)	(0.795)
Year	-0.029	0.213 ***	0.067 ***	0.003 ***
	(1.57)	(8.287)	(10.417)	(4.5)
Ajust - R^2 (Nagelkerke R^2)	0.105	0.423	0.251	0.008
F 值（卡方）	305.069 ***	411.193 ***	188.759 ***	5.289 ***
N	3 922	3 922	3 922	3 922

注：*** 、** 、* 分别表示在1%、5%和10%置信水平上显著（表4-8同）。模型一括号内为 wald 值，其余模型括号内为 t 统计量。模型一的 Ajust - R^2 数据为检验 Logistic 回归模型拟合优度的 Nagelkerke R^2，F 值数据为检验 Logistic 回归模型整体显著性的卡方。下同。

资料来源：根据 Wind 数据库和 CSMAR 数据库中国 A 股上市公司数据，经筛选得3 922 个观测值运用 SPSS 19.0 软件经回归分析后整理而得。

业国际化程度正相关但不具有显著性，这结果进一步印证了由于企业国际化是企业长远发展战略，为了激励高管人员关注企业长远发展，股权激励这一长期激励手段比薪酬激励更为有效。研究结果部分证实了的研究假设 H2。独立董事比例和企业国际化程度在 10% 水平上呈显著负相关关系，表明随着国际化程度的提升，企业倾向于提高内部董事的比例适当降低独立董事的比例，与之前的研究假设 H3 相反。这可能是因为尽管中国上市公司按照证监会的要求设置了不低于 1/3 比例的独立董事，但是由于各种原因，往往独立董事很难真正在企业包括国际化决策在内的各项决策中有效发挥作用，独立董事对企业内外运营环境的了解很可能不如内部董事，在企业国际化经营决策中，更能发挥作用的是内部董事。

（2）不同所有权性质样本回归结果比较。

对国有性质和非国有性质样本回归结果比较发现，国际化程度对不同所有权性质企业的公司治理产生不同的影响。表 4 – 8 Part A 和 Part B 分别是国有性质和非国有性质企业国际化程度对公司治理影响的回归结果。根据 Part A 和 Part B 模型一，本研究发现国有性质企业的董事长总经理两职设置与非国有性质企业存在明显差异。对于非国有性质企业，国际化程度与董事长总经理两职分离存在显著负相关关系，也就是说，随着国际化程度的提高，非国有性质企业倾向于董事长总经理两职合一，然而对于国有性质企业来说，其董事长总经理两职设置不仅与国际化程度不存在显著关系，而且它与控制变量诸如企业的规模、财务状况、盈利能力、所处行业等均没有显著关系，这可能是因为中国国有性质企业是一个介乎于政府和市场之间的特殊群体，其董事长和总经理的设置是个需要考虑多重因素的特殊问题，难以简单地以市场来衡量。表 4 – 8 的模型二、模型三显示，国际化程度提高对国有性质企业和非国有性质企业的高管人员激励手段都有显著影响，对于国有性质企业而言，企业国际化程度对高管人员薪酬激励在 1% 水平上存在显著正向影响，对高管人员股权激励在 5% 水平上呈显著正相关，这说明随着国际化程度提高，国有性质企业更倾向于使用薪酬激励而非股权激励，这点与非国有性质企业对高管人员的激励手段正好相反，Part B 模型二和模型三显示，非国有性质企业高管人员股权激励与国际化程度呈在 1% 水平上呈显著正相关，高管人员薪酬激励与国际化程度不存在显著相关性，表明非国有性质国际化企业对高管人员的激励倾向于采用股权激励这种长期激励手段。研究结果证实了的研究假设 H2a 和 H2b。根据模型四，国际化程度无论对国有性质还是非国有性质的独立董事比例都不产生显著影响，进一步印证了独立董事在企业国际化决策中发挥的作用有限。

表 4 - 8　　不同所有权性质企业国际化对公司治理影响的回归结果

Part A 国有性质企业国际化对公司治理影响的回归结果

变量	模型一	模型二	模型三	模型四
	系数值	系数值	系数值	系数值
（常量）	3.006 ** (4.539)	9.94 *** (7.73)	11.526 *** (35.548)	0.29 *** (10.3)
FSTS	-0.397 (1.011)	0.802 ** (2.189)	0.314 *** (3.399)	-0.01 (-1.242)
Size	-0.032 (0.237)	0.062 (1.04)	0.141 *** (9.45)	0.004 *** (2.856)
Lev	-0.006 (1.478)	-0.027 *** (-6.133)	0.003 ** (2.512)	0.0000742 (0.778)
ROE	-0.008 (1.32)	0.025 *** (4.409)	0.019 *** (13.239)	0.00008481 (0.684)
Industry	0.081 (0.366)	0.322 *** (2.697)	0.055 * (1.812)	-0.008 *** (-3.112)

续表

变量	模型一	模型二	模型三	模型四
	系数值	系数值	系数值	系数值
Year	-0.042 (0.601)	0.196*** (4.061)	0.068*** (5.622)	0.002** (2.216)
Ajust-R^2 (Nagelkerke R^2)	0.009	0.084	0.258	0.025
F值（卡方）	5.399	17.702***	64.083***	5.595***
N	1 088	1 088	1 088	1 088

Part B 非国有性质企业国际化对公司治理影响的回归结果

变量	模型一	模型二	模型三	模型四
	系数值	系数值	系数值	系数值
（常量）	-2.878*** (10.091)	17.911*** (17.315)	10.061*** (39.178)	0.413*** (17.495)
FSTS	-0.379** (5.347)	0.84*** (4.279)	-0.015 (-0.303)	-0.006 (-1.373)
Size	0.162*** (13.866)	-0.112** (-2.27)	0.202*** (16.429)	-0.002** (-2.182)
Lev	0.012*** (30.075)	-0.028*** (-10.772)	0.003*** (4.647)	-0.00005115 (-0.853)
ROE	0 (0.004)	0.016*** (3.1)	0.018*** (13.9)	-0.00004254 (-0.36)
Industry	-0.153** (6.471)	0.168** (2.362)	0.076*** (4.323)	0.004** (2.271)
Year	-0.027 (1.058)	0.22*** (7.211)	0.066*** (8.693)	0.003*** (3.885)

续表

变量	模型一	模型二	模型三	模型四
	系数值	系数值	系数值	系数值
Ajust $-R^2$ （Nagelkerke R^2）	0.043	0.083	0.215	0.009
F 值（卡方）	90.412***	43.671***	130.671***	5.235***
N	2 834	2 834	2 834	2 834

资料来源：根据 Wind 数据库和 CSMAR 数据库中国 A 股上市公司数据，经筛选得 3 922 个观测值并区分国有性质企业和非国有性质企业分别运用 SPSS 19.0 软件经回归分析后整理而得。

（3）不同行业样本回归结果比较。

表 4-9 Part C、Part D 和 Part E 分别是劳动密集型、资本密集型和技术密集型企业国际化程度对公司治理影响的回归结果。

表 4-9　　　　不同行业企业国际化对公司治理影响的回归结果

Part C 劳动密集型企业国际化对公司治理影响的回归结果

变量	模型一	模型二	模型三	模型四
	系数值	系数值	系数值	系数值
（常量）	-3.938** (5.128)	17.951*** (10.067)	12.053*** (25.584)	0.425*** (9.773)
FSTS	-0.477 (2.281)	0.202 (0.562)	-0.275*** (-2.894)	-0.015* (-1.669)
Size	0.225*** (7.222)	-0.103 (-1.2)	0.12*** (5.297)	-0.003 (-1.334)
Lev	0.007* (2.832)	-0.023*** (-4.823)	0.001 (0.943)	-0.00004682 (-0.396)
ROE	-0.002 (0.048)	0.02*** (2.734)	0.015*** (7.613)	0 (0.886)

续表

变量	模型一	模型二	模型三	模型四
	系数值	系数值	系数值	系数值
STO	0.847*** (16.423)	-3.825*** (-18.149)	0.266*** (4.776)	0.005 (0.939)
Year	-0.341582	0.171*** (2.94)	0.076*** (4.962)	0.004*** (2.805)
Ajust-R^2 (Nagelkerke R^2)	0.113	0.422	0.201	0.008
F值（卡方）	63.413***	96.346***	33.82***	2.034*
N	783	783	783	783

资料来源：根据 Wind 数据库和 CSMAR 数据库中国 A 股上市公司数据，经筛选得 3 922 个观测值并区分行业后分别运用 SPSS 19.0 软件经回归分析后整理而得。

Part D 资本密集型企业国际化对公司治理影响的回归结果

变量	模型一	模型二	模型三	模型四
	系数值	系数值	系数值	系数值
（常量）	-0.283 (0.087)	16.303*** (16.125)	10.945*** (44.081)	0.299*** (13.604)
FSTS	-0.183 (0.687)	1.034*** (4.04)	0.12* (1.912)	-0.002 (-0.442)
Size	0.026 (0.312)	-0.016 (-0.331)	0.161*** (13.346)	0.003*** (2.938)
Lev	0.01*** (12.229)	-0.031*** (-10.101)	0.004*** (5.418)	-0.00003999 (-0.603)
ROE	0.001 (0.069)	0.012** (2.179)	0.022*** (16.838)	-0.00002138 (-0.184)

变量	模型一	模型二	模型三	模型四
	系数值	系数值	系数值	系数值
STO	1.054*** (57.184)	-3.901*** (-28.668)	0.124*** (3.699)	-0.006*** (-1.969)
Year	-0.007 (0.043)	0.223*** (6.334)	0.074*** (8.532)	0.002** (2.245)
Ajust-R^2 (Nagelkerke R^2)	0.083	0.435	0.263	0.006
F值（卡方）	132.012***	279.148***	129.975***	3.157***
N	2 173	2 173	2 173	2 173

Part E 技术密集型企业国际化对公司治理影响的回归结果

变量	模型一	模型二	模型三	模型四
	系数值	系数值	系数值	系数值
（常量）	-3.922** (5.815)	16.262*** (9.814)	9.09*** (22.959)	0.469*** (12.501)
FSTS	-0.59** (4.336)	0.99*** (3.078)	0.182** (2.364)	-0.013* (-1.845)
Size	0.195** (5.877)	-0.027 (-0.324)	0.262*** (13.402)	-0.005** (-2.481)
Lev	0.013*** (8.876)	-0.028*** (-6.079)	0.003*** (2.768)	0.000007825 (0.076)
ROE	-0.01 (1.459)	0.038*** (4.896)	0.013*** (7.132)	0.000008752 (0.05)
STO	1.507*** (40.375)	-3.473*** (-16.968)	0.15*** (3.069)	-0.018*** (-3.899)

续表

变量	模型一	模型二	模型三	模型四
	系数值	系数值	系数值	系数值
Year	−0.033 ** (5.815)	0.226 *** (4.574)	0.046 *** (3.876)	0.004 *** (3.208)
Ajust − R^2 (Nagelkerke R^2)	0.148	0.348	0.319	0.041
F 值（卡方）	110.556 ***	86.956 ***	76.472 ***	7.85 ***
N	966	966	966	966

　　根据表 4-9 的模型一，国际化程度对劳动密集型和资本密集型企业的董事长总经理两职分离没有产生显著影响，但是对技术密集型企业的两职分离有显著的负向影响，也就是说随着国际化程度的提高，技术密集型企业倾向于将董事长总经理两职合一。对于技术密集型企业来说，技术是最重要的生产要素，董事长总经理两职合一有助于提高技术创新决策效率，使得企业在国际竞争中占有先机。从对高管人员的激励手段来看，国际化程度对资本密集型和技术密集型企业的高管人员股权激励和薪酬激励都在不同置信水平产生显著的正向影响（Part D 和 Part E 的模型二、模型三显示），而且随着国际化程度的提高，两大行业都更愿意选择长期激励措施—股权激励来激励高管人员以保障国际化进程的顺利实施。然而 Part C 劳动密集型企业的模型二、模型三回归结果却与另外两个行业及研究假设截然相反，根据 Part C 模型二、模型三显示，劳动密集型企业国际化程度与其对高管人员的股权激励不存在显著关系，与高管人员薪酬激励在 1% 置信水平上呈显著负相关，这意味着随着劳动密集型企业国际化程度的提高，企业不仅没有提高高管人员的薪酬水平，反而降低了其薪酬水平。这可能是因为首先劳动密集型企业生产的产品处于价值链低端，利润率较低，加之前几年人民币升值等因素导致很多出

口企业基本处于无利可图甚至亏损状态，出口越多亏损越多，从而影响了劳动密集型企业高管人员的薪酬水平，这个检验结果从一个角度证明了劳动密集型企业技术创新、转型升级、不断提升产品技术含量使之走向价值链中高端的重要性。表4-9的模型四检验了不同行业企业国际化程度对独立董事比例的影响，和前面的检验结果一样，国际化程度对独立董事比例的影响或在10%置信水平上呈显著负相关，或不存在显著的相关性，进一步证明了区分行业后，独立董事在企业国际化决策中发挥的作用仍然有限。

综上，以中国2009~2014年有海外业务收入的非金融类上市公司为样本，共获得六年间的3 922个观测值，检验企业国际化程度对公司治理的影响，并进一步检验不同所有权性质和不同行业上市公司国际化程度对公司治理的影响。实证结果表明：第一，在不区分所有权性质和行业的前提下，企业国际化程度与董事长总经理两职分离和独立董事比例显著负相关，与高管人员股权激励显著正相关，和高管人员薪酬激励正相关不具有显著性；第二，国际化程度与国有性质企业董事长与总经理两职设置不存在显著关系，但与非国有性质企业董事长总经理两职分离存在显著负相关关系；国际化经营的国有性质企业更倾向于对高管人员采用薪酬激励，而非国有性质企业在国际化经营后往往对高管人员采用股权形式激励；国际化程度对两类性质企业的独立董事比例不产生显著影响；第三，分行业来看，国际化程度对劳动密集型和资本密集型企业的董事长总经理两职设置没有产生显著影响，但是对技术密集型企业的两职设置有显著的负向影响；国际化程度对资本密集型和技术密集型企业的高管人员股权激励和薪酬激励产生显著的正向影响，然而与劳动密集型企业的高管人员薪酬激励呈显著负相关关系。国际化程度与劳动密集型和技术密集型企业独立董事比例呈显著负相关，与资本密集型企业独立董事比例不存在显著相关性。

第五章　企业国际化、公司治理与
企业绩效关系的研究

第一节　国际化企业与非国际化企业绩效比较

为探索了解国际化企业与非国际化企业的绩效，本书以中国 A 股上市公司为样本，将全部上市公司分为国际化公司和非国际化公司两组，比较其 2010～2015 年的企业绩效。根据企业国际化的定义，将有海外业务收入的上市公司归为国际化企业，没有海外业务收入的上市公司归为非国际化企业。由于企业的财务数据是其全部经营活动的结果，因此反映企业绩效最综合的指标是企业的财务指标。同时，企业的技术创新能力是其长远发展的保障，因此本书在考虑企业绩效时从财务绩效与技术创新绩效两方面考虑。

一、企业财务绩效比较

企业财务绩效衡量指标仍然选择净资产收益率（ROE）、总资产收益率（ROA）以衡量企业财务绩效。并根据中国 A 股上市公司的特点，增加每股收益（EPS）指标衡量财务绩效。其中：

每股收益（EPS）＝（净利润－优先股股利）÷发行在外的普通股数

2010～2015 年的国际化企业和非国际化企业净资产收益率、总资产收益率和每股收益的数据详见表 5-1。

表 5-1　　2010～2015 年的国际化企业和非国际化企业财务绩效比较

项目	2010 年		2011 年		2012 年		2013 年		2014 年		2015 年	
企业	国	非国	国	非国	国	非国	国	非国	国	非国	国	非国
ROE（%）	24.14	6.65	13.22	13.89	11.39	13.34	10.23	12.20	10.51	8.88	9.47	8.22
ROA（%）	15.90	5.15	9.72	10.22	10.50	9.86	8.55	9.20	8.43	8.27	7.77	7.41
EPS（分）	0.86	0.17	0.52	0.56	0.49	0.46	0.45	0.47	0.46	0.44	0.42	0.39

注：因排版原因，本表中"国"代表国际化企业，"非国"代表非国际化企业。

资料来源：根据 WIND 数据库数据作者计算所得。

根据表 5-1，从衡量企业财务绩效的三个指标看，2010 年国际化企业的 ROE、ROA 和 EPS 均显著高于非国际化企业，而在 2011～2013 年，除了 2012 年国际化企业的 ROA 和 EPS 指标大于非国际化企业外，国际化企业的其余指标均低于非国际化企业；2014～2015 年，三个指标显示的国际化企业绩效均略高于非国际化企业。2010～2015 年的探索性数据显示，国际化与企业绩效之间并不是存在简单的正向变动或反向变动，而是呈现一个波动的特征，这可能与不同年份国际经济环境和国内经济环境相关。

二、企业技术创新绩效比较

在研究微观层面的技术创新问题时，学者们所采用的反映企业研发强度的指标往往是研发费用占资产比重和研发费用占营业收入比重（Hansen & Hill, 1991；Berrone et al., 2007；冯根福、温军，2008；鲁桐、党印，2014），由于企业的技术创新产出受外生因素影响较大，较少受管理层影响（David et al., 2001），因此本部分采用与管理层相关性较大的技术创新投入衡量企业的技术创新。技术创新投入越多的企业越重视技术创新，往往其创新绩效也会更好，本书用企业研发费用占营业收入的比重（RDTR）衡量企业的技术创新投入。2010～2015 年的国际化企业和非国际化企业的 RDTR 均值数据详见表 5－2。

表 5－2　　2010～2015 年的国际化企业和非国际化企业 RDTR 均值

企业	2010 年	2011 年	2012 年	2013 年	2014 年	2015 年
全部	0.007	0.011	0.019	0.021	0.022	0.022
国际化	0.011	0.016	0.028	0.029	0.031	0.030
非国际化	0.004	0.007	0.012	0.013	0.012	0.013

资料来源：根据 WIND 数据库数据作者计算所得。

根据表 5－2，2010～2015 年无论是国际化企业还是非国际化企业，研发费用占营业收入的比重（RDTR）均值基本都是处于上升趋势，尤其是 2010～2012 年上升幅度更大，2013～2015 年无论是国际化企业还是非国际化企业，RDTR 的涨幅均不明显。相比非国际化企业，2010～2015 年国际化企业的研发费用明显高于非国际化企业，其 RDTR 往往是非国际化企业的 2～3 倍。2010～2015 年的探索性数据显示，面对国际市场的激烈竞争及其对产品的高标准高要求，国际化企业技术创新投入明显高于非国际化企业。

第二节　企业国际化、公司治理与
企业绩效关系的理论研究

一、企业国际化影响企业绩效的机理

企业绩效往往以总资产收益率、净资产收益率、每股收益等财务指标衡量，影响这些指标的重要因素是企业利润。因此，从成本效益角度出发，企业国际化对企业绩效的影响机理主要体现于国际化收益和国际化成本孰高孰低，若企业国际化收益大于国际化成本，显然有助于国际化企业的绩效提升，反之，则不仅不会提升国际化企业绩效，反而会降低企业绩效。

根据前面的分析，不完备契约理论下企业国际化不仅会产生专用性资产，而且由于国际化经营导致企业加大对东道国的投资使企业的资产专用性增强。从交易费用经济学角度看，专用性资产是致使企业交易费用最小化的关键，交易费用的最小化能实现企业效率最大化，同时，专用性资产也是企业追求"组织租金"或剩余盈余（residual claims）最大化的来源和基础。所谓组织租金指的是企业（或组织）所创出的总收益在支付了所有组织成员的保留收入，即满足了所有成员的参与约束条件（participation constraint）之后的正剩余（杨瑞龙、杨其静，2001），组织租金相当于经济学中的"超额利润"或"净利润"。基于企业战略管理理论，专用性资产是企业核心竞争力（core competency）的重要源泉，是企业获取超额利润的核心资源。因此，战略管理学者（Praharad，1993；Collis & Montgomery，1997；Wernerfelt，2002）往往以企业专用性资产作为核心竞争力的基础以识别企业核心竞争力。学者们从不同角度界定了企业专用资产的内涵和特征并进一步研究了专用性资产与企业超额利润的关系。科利斯和蒙哥马利（Collis & Montgomery，1997）认为由于专用性资产具有价值性、稀缺性、不可模仿性和无法替代性等特征，因此企业拥有了专用性资产就能够获取由于资源稀缺性、产品差异性以及创新性带来的超额利润。这说明科利斯和蒙哥马利认可资产专用性能带来超额利润从而提升企业绩效。由于专用性资产投资可降低生产费用，提高产品质量，沃纳菲尔特（Wernerfelt，2002）认为专用性资产是一种具有异质性、黏着性和稀缺性特点的资源，专用性资产的这些特点能使企业在与同行竞争中获得竞争优势。

可见，契约经济学家和企业战略管理学家均强调专用性资产的重要性，认为它是企业组织租金或超额利润的来源。于国际化企业而言，随着国际化经营后资产专用性的不断增强，企业获取"正剩余"组织租金或超额利润的可能性也不断增强，因此企业的国际化收益会不断增强，它也是国际化企业提升核心竞争力的源泉。

如文献所述，尽管学者们往往较少关注企业国际化的额外成本，然而，大量实证研究表明企业国际化成本对企业绩效具有不容忽视的负面影响。因此，企业国际化经营在带来超额收益的同时，会增加各类成本，这种成本包括经济成本和时间成本。典型的因国际化而产生的成本包括国际化过程中"干中学"所付出的学习成本、由于距离加大所产生的管理成本、由于国际化企业代理问题更严重产生的监督和激励成本，或者基于不完备契约理论，由于资产专用性增强所产生的合理配置控制权成本，以及企业国际化经营所产生的机会成本等。这些国际化成本显著影响着国际化企业的绩效。正是由于企业国际化经营所产生的收益和成本孰高孰低具有不确定性，它和不同国家、不同国内外经济环境背景紧密相关，也就是说，企业国际化经营效率与国际化契约环境紧密相关。企业国际化过程中的契约往往是不完备的，投资双方往往无法就国际化经营在事前达成一个完备契约，而且国际化经营中的不完备契约难以依赖第三方强制力约束其履行，而是通过内部履行机制实现契约条款的履行。因此契约环境对提高不完备契约的履行效率非常重要。国际化经营所面临的契约环境包括投资国和东道国法律体系、产权安排、治理机制等正式制度和经济发展、文化风俗、伦理道德等非正式制度。尤其是如果国际化经营后东道国的契约环境与国际化经营前国内契约环境差异显著，将很可能直接影响企业国际化成败。而且，国际化后企业的资产专用性增强，资产专用性较强的投资对外部履约机制的依赖性很强，对契约环境更加敏感，因为资产专用性具有较差的可调配性，其退出价值较低，其形成的准租金极易被事后机会主义敲竹杠，从而将抑制事前的专用性投入（Williamson，1991；Hart，1995）。因此，契约环境理想的国家或地区，更有利于保护专用性较强的投资而获得效率更高的投资回报。拉波特（La Porta et al.，1997）、德米格－库特和马克西莫维奇（Demirgug-kunt & Maksimovic，1999）研究发现，法律保护体系的完善有利于投资者对企业信息的获取，从而有利于代理冲突问题的解决，客观上为企业专用性投入提供了激励，因此其投资效率较高。阿西莫格鲁（Acemoglu et al.，2007）研究发现各国投资效率和内生比较优势的差异可以在不同的契约环境中寻找到解释，即区域契约环境的不同造就了投资效率的区域差异。纳恩（Nunn，2007）通过测算各国契约执行效率和不同行业对专用性投资的重要程度，认为契约环境较好、契约履行效率较高的地区应专注投资于那些对资产专用性更为依赖的产业，以便获取投资效率上的比较优势。

正是因为企业国际化经营所产生的收益和成本孰高孰低与多种因素有关，所以正如第二章文献所述，不同学者对企业国际化经营与企业绩效关系的实证研究结果表明两者关系存在各种可能：（1）国际化程度与企业绩效存在正线性关系；（2）国际化程度和企业绩效之间存在负向线性关系；（3）国际化程度与企业绩效存在一个"U"形关系；（4）国际化程度与企业绩效存在一个倒"U"形关系；（5）国际化程度和企业绩效之间存在水平的"S"形关系；（6）国际化程度与企业绩效之间没有显著的关系或存在不确定性的关系。可见，不同学者运用不同指标实证检验不同国家不同阶段企业国际化程度与企业绩效之间的关系会产生不同的结论，因此有必要实证检验在近阶段中国企业国际化经营与企业绩效的关系。

二、企业国际化影响企业绩效的调节机制：公司治理

第五章基于代理理论与不完备契约理论分析了国际化经营企业的代理问题比非国际化企业的代理问题更为严重。在代理理论下，国际化企业减少代理问题提高国际化绩效的核心方法是通过设计激励机制与监督机制以实现对境外代理人的激励和约束，这样能减轻国际化经营代理问题降低委托人所面临的风险并提升国际化经营绩效。激励与监督机制的设计重点需要解决两个方面的问题：（1）委托人设计合理的组织架构和相关监督机制能够使境外代理人按照委托人利益行动，以实现委托人的预期效用最大化；（2）委托人设计合理的激励机制，使境外代理人的行为实现其自身效用的预期最大化。因此国际化企业为了提高国际化经营绩效，必须通过激励手段激励境外代理人，使其能够在满足自身利益的前提下，最大化委托人利益。在激励的同时，需要设计监督程序才能进一步控制风险提高效率。事实上，在委托代理关系中无法避免监督问题，在不对称信息的情况下，如果委托人花更多的时间和精力或者专门雇佣监督人员对代理人进行监督，则可以在一定程度上更多地了解代理人的信息从而减少信息非对称。同样，即使在最优激励机制下，委托人仍需要加强对代理人的监督，以提高

代理人的努力程度。

基于不完备契约理论，企业国际化经营使企业的资产专用性加强，在契约不完备条件下，专用性资产事后被机会主义敲竹杠的可能性更高，从而直接损害国际化企业组织租金的创造，也就是说直接影响企业国际化经营的绩效。因此，设计一份能保护国际化企业专用性资产投资免受机会主义敲竹杠的契约是解决问题的关键。学者们普遍认为国际化经营的缔约双方（投资方与被投资方）纵向一体化（vertical integration）可以部分或全部消除机会主义，企业就是纵向一体化的结果。同时，国际化契约不完备引发的专用性资产事后被敲竹杠的机会主义行为，这一风险产生的根源是产权残缺，也就是企业剩余索取权和剩余控制权的不匹配导致的，因此合理设置公司治理以合理配置剩余控制权是解决问题的方法。同时，企业内部也存在机会主义，为了解决企业内部的机会主义，需要解决企业内部所有权结构、组织架构等问题，也就是说合理设置公司治理可以规避企业内部机会主义对专用性资产的侵害。

合理的公司治理使剩余控制权配置与剩余索取权对称，因为只有当剩余索取权拥有者承担剩余风险时，他们才会谨慎而适当地运用剩余控制权，从而提升企业经营绩效。当企业国际化后出现跨国母子公司的企业集团时，跨国集团公司中很可能母公司在国内，子公司在国外，子公司的控制权是配置给母公司（子公司的股东），还是配置给子公司的管理者，乃至子公司的债权人甚至员工，按照张维迎（1996）的观点，这取决于境外子公司创造的价值所处的区间。依据 Grossman – Hart – Moor（1983，1987）控制权模型，企业契约的不完备性引导出企业剩余控制权如何配置以及配置给谁的重要性，这是广义上的公司治理的逻辑起点（张维迎，1997）。这进一步说明了企业国际化对完善公司治理结构提出了更高要求。

以上分析可以得到公司治理有助于调节企业国际化经营对企业绩效影响机制的基本结论。

首先，由于资产专用性增强，企业国际化经营存在正组织租金即超额利润，但是国际化经营同时存在各种成本，包括合理设置公司治理架构存在的制度成本—监督成本和激励成本，但是制度成本能降低国际化企业的代理成本，因此有助于提升企业绩效。理论上讲，只要制度成本无限大，可以使跨国经营的母公司剩余损失降低为零。但是，这种极端的控制是不符合成本效益原则的。因此，国际化企业在设计公司治理时，既要具有足够的柔性激励，充分利用激励原理，建立起激励机制，又要保持必要的监督刚性，使境外成员企业行为符合企业国际化目标，提高企业国际化绩效。

其次，公司治理本质是一种契约安排，对于国际化经营企业而言，是母公司与境外子公司之间多次动态博弈的结果。因此，公司治理不仅是静态的制度安排的结果，更多的是对制度的动态修正。换言之，国际化企业的公司治理必须依据时间和空间的变化，针对企业控制环境的演变适时进行调整，以保障减轻代理问题，提升国际化经营绩效。

第三节　国际化程度、公司治理与企业财务绩效的实证研究

本部分将借鉴以往学者的研究方法，结合中国上市公司 2010 ~ 2015 年数据对国际化、公司治理与企业财务绩效的关系进行实证检验。

一、研究模型与变量选择

在国内外学者研究的基础上，本部分构建以下计量回归基本模型以检验国际化对企业财务绩效的影响。

$$ROA = \beta_0 + \beta_1 FSTS + \beta_2 SH1 + \beta_3 Dir\text{-}ceo + \beta_4 TTS + \beta_5 TTP$$

$$+ \beta_6 Indepen + \beta_7 STO + \beta_8 Size + \beta_9 Lev + \sum \beta Industry$$

$$+ \sum \beta Year + \varepsilon \qquad\qquad (5-1)$$

其中，ROA 为被解释变量，用以反映企业财务绩效。用 ROA 评价企业的财务绩效原因有以下三点：（1）基于财务指标评价企业经营绩效相对客观，以往学者们在实证研究中大多采用财务指标衡量企业绩效；（2）财务数据较易获得；（3）ROA 是企业总资产报酬率，能更好地反映企业运用所有资产获取报酬的能力，从而更好地反映企业财务绩效。之前也有学者采用托宾 Q 值来衡量企业绩效，但它实质上反映的是投资者对企业价值的判断，这种判断对上市公司而言会受诸多市场因素影响，并非企业真实的绩效（张晓涛、陈国娟，2017）。因此，本书选取 ROA 来表示企业绩效。

解释变量 FSTS 反映企业的国际化程度。学者们往往采用海外销售收入占总销售收入的比重、海外资产占总资产的比重以及海外雇员数占总雇员数的比重三个指标衡量企业国际化程度。但是这三个指标是高度相关的（Sullivan，1994）。考虑到数据的可获取性，和目前多数国内研究者（薛有志、周杰，2007；宋渊洋、李元旭，2010；周建、张双鹏，2016）类似，本书采用海外销售收入占营业收入的比重（FSTS）反映企业的国际化程度。

通常认为，股权结构是解决经营者代理问题行为的重要制度安排。在股权高度分散的情况下，中小股东由于持股比例小，监督收益不足以弥补监督成本，"搭便车"行为是其最优选择，因而不利于代理问题的解决（Francis & Smith，1995）。董事会是公司治理结构的核心，董事会规模及其成员构成在一定程度上可以缓解代理问题。独立董事的专业性和制衡性有助于改善董事会的结构，减少内部人控制，强化对内部董事及经理层的约束和监督机制，有利于企业绩效的提升。因此，为了反映公司治理对企业绩效的影响，本节选择公司治理相关指标包括第一大股东持股比例（SH1）、董事长总经理两职分离（Dir-ceo）、高管人员持股（TTS）、高管人员薪酬（TTP）和独立董事比例（Indepen）作为控制变量。其中，董事长总经理两职设置（Dir-ceo）为虚拟变量，如果董事长兼任总经理，取值为0，否则，取值为1；高管人员持股和高管人员年薪的自然对数为高管人员薪酬变量以分别反映对高管人员的长期激励和短期激励；独立董事占董事会成员比例（Indepen）反映董事会结构。

另外，选择对企业绩效有较大影响的其他因素作为控制变量，包括企业性质（STO）、公司规模（Size）、资产负债率（Lev）、行业（Industry）、年份（Year）等。各变量具体说明详见表5-3。

表5-3　　　　　　　　　　　　变量定义或说明

变量符号	变量含义	变量定义或说明
ROA	企业盈利能力	ROA = 净利润/总资产 × 100%
FSTS	国际化程度	FSTS = 海外业务收入/营业收入 × 100%
SH1	第一大股东持股比例	第一大股东持股比例
Dir-ceo	董事长总经理两职分离	董事长总经理两职分离，Dir-ceo = 1，否则为0
TTS	高管人员持股	高管人员持股总数的自然对数
TTP	高管人员薪酬	高管人员薪酬总额的自然对数
Indepen	董事会结构	Indepen = 独立董事人数/董事会总人数 × 100%
STO	企业性质	企业性质为国有时，STO = 1，否则，STO = 0
Size	公司规模	资产总额的自然对数
Lev	杠杆比率	Lev = 负债总额/资产总额 × 100%
Industry	行业效应	根据行业聚类分析，生成2个哑变量*
Year	年度效应	共有6个会计年度，生成5个哑变量

注：*表示行业聚类分析，详见第三部分。

二、样本选取和数据来源

为了检验国际化对企业绩效的影响，本书选取 2010 ~ 2015 年至少一年海外业务收入大于 0 的中国 A 股非金融类上市公司为样本公司。数据主要源自 CSMAR 数据库和 Wind 数据库。为减少研究误差，本书对初始样本做如下处理：（1）剔除研究期间缺乏数据的样本；（2）剔除财务数据异常的 ST 类公司。最终得到 4 943 个观测值，其中 2010 年 557 个观测值，2011 年 724 个观测值，2012 年 815 个观测值，2013 年 838 个观测值，2014 年 911 个观测值，2015 年 1 098 个观测值。为更全面地反映国际化程度对企业绩效的影响，本节将国际化程度低于 20% 的企业归为低国际化企业，高于 20% 的企业归为高国际化企业以分类研究国际化程度对企业财务绩效的影响。

三、描述性统计结果

主要变量的描述性统计结果详见表 5 – 4。根据表 5 – 4，全部观测值（4 943 个）ROA 的极小值为 – 39.638%，极大值为 63%，均值为 6.653%；低国际化企业 ROA 的极小值为 – 30.407%，极大值为 63%，均值为 6.96%；高国际化企业 ROA 的极小值为 – 39.638%，极大值为 31.258%，均值为 6.178%。从描述性统计结果看，随着国际化程度的提高，企业的财务绩效呈下降趋势，且高国际化企业 ROA 的标准差为 5.539 低于低国际化企业 ROA 的标准差 6.035。

从解释变量国际化程度看，全部观测值的 FSTS 极小值为 0.011%，极大值为 99.303%，均值为 22.106%；低国际化企业 FSTS 的极小值为 0.011%，极大值为 19.991%，均值为 6.954%；高国际化企业 FSTS 的极小值为 20.023%，极大值为 99.303%，均值为 45.502%。与表 3 – 3

所反映的信息一致，中国国际化企业中国际化程度低于 20% 有 3 000 个观测值，占所有观测值的 60.69%，且其国际化程度均值仅为 6.954%，说明中国企业的国际化程度有待提高。

从公司治理的相关指标看，全部观测值的第一大股东持股比例（SH1）均值为 33.44%，低国际化企业观测值的均值为 33.788%，高国际化企业观测值的均值为 32.901%，差异并不明显，说明中国企业的"一股独大"问题较普遍存在；三类观测值的董事长总经理两职设置（Dir-ceo）和独立董事比例（Indepen）均值接近，且极大值与极小值差异也不大；比较而言，在对高管人员激励手段的选择上，高国际化企业更重视对高管人员的股权激励，其高管人员股权激励（TTS）的均值为 15.31，高于全部观测值高管人员股权激励的均值 14.927，更高于低国际化企业高管人员股权激励的均值 14.679。

企业性质、规模和杠杆比率等控制变量的描述性统计结果显示，全部国际化企业、低国际化企业和高国际化企业控制变量的极小值、极大值、均值和标准差都比较接近，不存在显著差异。

表 5-5 是运用全部观测值对全部变量的相关性检验。在各变量之间的相关性检验中，相关系数基本均小于 0.5，因此基本可以判断变量之间不存在严重的多重共线性问题。并且注意到 ROA 与解释变量企业国际化程度（FSTS）显著负相关，且 ROA 与公司治理的相关指标第一大股东持股比例（SH1）、高管人员股权激励（TTS）、高管人员薪酬激励（TTP）呈显著正相关，与董事长总经理两职分离（Dir-ceo）呈显著负相关，但与独立董事比例（Indepen）不具有显著相关性。

四、回归结果分析

表 5-6 是全部观测值、低国际化企业和高国际化企业国际化对其绩效影响的回归结果。

表 5-4

主要变量的描述性统计

变量名	全部						低国际化企业						高国际化企业					
	极小值	极大值	均值	标准差			极小值	极大值	均值	标准差			极小值	极大值	均值	标准差		
ROA	-39.638	63.000	6.653	5.857			-30.407	63	6.960	6.035			-39.638	31.258	6.178	5.539		
FSTS	0.011	99.303	22.106	23.233			0.011	19.991	6.954	5.841			20.023	99.303	45.502	20.460		
SH1	3.62	84.71	33.440	14.040			3.62	84.71	33.788	14.463			3.62	81.18	32.901	13.348		
Dir-ceo	0	1	0.671	0.470			0	1	0.688	0.463			0	1	0.644	0.479		
TTS	2.485	20.846	14.927	3.252			2.485	20.751	14.679	3.369			5.063	20.846	15.310	3.023		
TTP	12.591	18.225	15.125	0.723			12.591	17.910	15.162	0.715			12.625	18.225	15.068	0.731		
Indepen	20	80	37.328	5.671			20	80	37.351	5.697			25	66.667	37.291	5.631		
STO	0	1	0.252	0.434			0	1	0.281	0.450			0	1	0.208	0.406		
Size	15.729	27.703	21.777	1.235			17.756	27.703	21.839	1.279			15.729	26.249	21.680	1.157		
Lev	0.797	98.385	38.854	20.826			1.915	97.866	40.131	21.037			0.797	98.385	36.883	20.345		
有效的 N	4 943						3 000						1 943					

资料来源：作者运用 SPSS 19.0 加工整理而得。

表 5 - 5

变量的 Pearson 相关系数

变量名	ROA	FSTS	SH1	Dir-ceo	TTS	TTP	Indepen	STO	Size	Lev	Industry	Year
ROA	1											
FSTS	-0.052***	1										
SH1	0.068***	-0.007	1									
Dir-ceo	-0.039***	-0.068***	-0.033**	1								
TTS	0.142***	0.097***	-0.077***	-0.360***	1							
TTP	0.161***	-0.048***	0.001	0.116***	-0.049***	1						
Indepen	-0.004	-0.009	0.073***	-0.114***	0.053***	-0.022	1					
STO	-0.117***	-0.069***	0.113***	0.235***	-0.593***	0.192***	-0.050***	1				
Size	-0.019	-0.070***	0.105***	0.151***	-0.238***	0.435***	-0.005	0.319***	1			
Lev	-0.286***	-0.086***	0.035**	0.172***	-0.379***	0.217***	-0.010	0.364***	0.448***	1		
Industry	0.035**	-0.037***	-0.026*	-0.065***	0.126***	0.016	0.017	-0.121***	-0.094***	-0.115***	1	
Year	-0.115***	-0.002	-0.032**	-0.010	0.109***	0.171***	0.079***	-0.092***	0.152***	0.025*	0.047***	1

注：*** 在 0.01 水平（双侧）上显著相关；** 在 0.05 水平（双侧）上显著相关；* 在 0.1 水平（双侧）上显著相关。

资料来源：作者运用 SPSS 19.0 加工整理而得。

表 5 - 6 　　　　　　　　企业国际化对企业绩效影响的回归结果

变量名	全部	低国际化企业	高国际化企业
常量	- 25.650 *** （ - 12.835）	- 25.076 *** （ - 9.657）	- 25.082 *** （ - 7.886）
FSTS	- 0.018 *** （ - 5.575）	- 0.082 *** （ - 4.815）	0.005 （0.783）
SH1	0.032 *** （5.854）	0.028 *** （4.058）	0.033 *** （3.697）
Dir-ceo	0.068 （0.385）	- 0.158 （ - 0.692）	0.520 * （1.909）
TTS	0.058 * （1.843）	0.037 （0.968）	0.118 ** （2.218）
TTP	1.985 *** （16.667）	2.191 *** （14.214）	1.468 *** （7.791）
Indepen	0.001 （0.066）	0.002 （0.118）	0.002 （0.098）
STO	- 1.021 *** （ - 4.501）	- 0.725 ** （ - 2.543）	- 1.27 *** （ - 3.362）
Size	0.319 *** （4.176）	0.232 ** （2.387）	0.48 *** （3.858）
Lev	- 0.094 *** （ - 21.83）	- 0.104 *** （ - 18.523）	- 0.077 *** （ - 11.371）
Industry	- 0.056 （ - 0.488）	- 0.183 （ - 1.162）	0.109 （0.642）
Year	- 0.583 *** （ - 12.421）	- 0.633 *** （ - 10.332）	- 0.492 *** （ - 6.795）
Ajust - R^2	0.173	0.2	0.136
F 值	95.214 ***	69.059 ***	28.846 ***
N	4 943	3 000	1 943

注：*** 在 0.01 水平（双侧）上显著相关；** 在 0.05 水平（双侧）上显著相关；*
在 0.1 水平（双侧）上显著相关。

资料来源：作者运用 SPSS 19.0 加工整理而得。

　　表 5 - 6 回归结果显示，就国际化企业的全部观测值来说，企业
国际化程度（FSTS）与其绩效（ROA）在 0.01 水平上呈显著负相关
关系，其系数为 - 0.018，而对于国际化程度为 20% 以下的低国际化
企业，这种显著负相关影响更大，其系数为 - 0.082。但是数据显示，
国际化程度对高国际化企业的绩效并没有产生显著影响。本书的研究

结论迈克尔和谢尔德（Michael & Shaked，1986）、丹尼尔斯和约斯特（Denis & Yost，2002）和王国顺、胡莎（2006）相同。尽管理论上国际化会给企业带来更广阔的市场，更先进的技术，它必定有利于企业长远的发展，但同时，国际化会带来更高的管理成本及更大的不确定性。总体来看，中国企业的国际化程度不高，在国际化过程中付出的成本很有可能超过其短期收益，尤其是对于低国际化企业。企业国际化能够给企业带来利益，当企业国际化收益大于其国际化成本时，导致企业的财务绩效提升，相反，当其收益小于成本时，会使得企业财务绩效出现下降。

公司治理相关指标对不同国际化程度企业绩效的影响基本一致。第一大股东持股比例（SH1）对低国际化企业和高国际化企业的绩效均产生显著的正向影响，且影响程度差异不大；董事长总经理两职状况（Dir-ceo）对企业绩效影响不甚显著，仅对高国际化企业绩效在0.1水平上产生正影响；对高管人员的激励基本能显著促进企业绩效，对高管人员的薪酬激励比股权激励更能激励高管人员为企业的绩效而努力，数据显示，为了提升企业绩效，低国际化企业对高管人员的激励更应采取薪酬激励政策，因为低国际化企业高管人员薪酬（TTP）对企业绩效的影响是在0.01水平上的显著性，且其系数为2.191，而高国际化企业既可以采用薪酬激励政策，也可以采用股权激励政策，但是薪酬激励能更好地激励高国际化企业的高管人员为绩效而奋斗；独立董事比例（Indepen）对高国际化企业和低国际化企业的绩效均不产生显著影响。

其他控制变量如企业的性质（STO）与企业绩效呈显著负相关关系，说明在国际化企业中，非国有性质企业的绩效优于国有性质企业绩效；企业规模（Size）与企业绩效呈显著正相关关系，意味着企业规模越大，往往其绩效更好；而企业的绩效与其负债（Lev）呈显著负相关关系，一般认为，企业的适度负债能带来财务杠杆有利于企业

绩效增长，但是过高的负债程度则会带来更大的风险，不利于绩效
提升。

第四节　国际化程度、公司治理与企业
财务绩效的进一步研究

总体而言，中国企业国际化程度不高，国际化经验不够丰富，尚难
从容应对国际经济环境及东道国各种不确定因素，在"干中学"过程
中付出学费较高，对企业财务绩效产生不利影响。而完善公司治理结构
是否有助于中国国际化企业提升绩效，公司治理在国际化与企业财务绩
效之间能否起调节作用？本部分仍运用第三节的数据对公司治理能否调
节国际化与企业财务绩效的关系进行实证检验，以对完善公司治理是否
有助于中国国际化企业提升绩效进行进一步研究。

一、模型、变量及数据

在模型 5.1 实证检验国际化和公司治理对企业财务绩效影响模型的
基础上，本部分增加国际化程度和公司治理相关指标的交叉项，以检验
公司治理能否调节国际化与财务绩效的关系。

$$
\begin{aligned}
ROA = {} & \beta_0 + \beta_1 FSTS + \beta_2 SH1 + \beta_3 Dir\text{-}ceo + \beta_4 TTS + \beta_5 TTP \\
& + \beta_6 Indepen + \beta_7 FSTS \times SH1 + \beta_8 FSTS \times Dir\text{-}ceo \\
& + \beta_9 FSTS \times TTS + \beta_{10} FSTS \times TTP + \beta_{11} FSTS \times Indepen \\
& + \beta_{12} STO + \beta_{13} Size + \beta_{14} Lev \\
& + \sum \beta Industry + \sum \beta Year + \varepsilon \qquad (5-2)
\end{aligned}
$$

模型 5.2 的变量选择如模型 5.1，ROA 为被解释变量以反映企业的

绩效，解释变量 FSTS 反映企业的国际化程度，公司治理的相关指标包括第一大股东持股比例（SH1）、董事长总经理两职分离（Dir-ceo）、高管人员持股（TTS）、高管人员薪酬（TTP）和独立董事比例（Indepen）。其他控制变量，包括企业性质（STO）、公司规模（Size）、资产负债率（Lev）、行业（Industry）、年份（Year）等。各变量具体说明详见表 5-3。不同的是增加了 5 个国际化程度和公司治理指标的乘积以反映国际化和公司治理的交叉项对企业财务绩效的影响。

为了使研究结果具有可比性，本部分仍然以 2010～2015 年 4 943 个观测值为样本进行检验，数据仍然同第三节。

二、相关性分析

由于模型 5.2 的变量选择如模型 5.1 且样本相同，因此除了国际化程度与公司治理指标的交叉项外，其余变量的描述性统计结果与表 5-4 完全一致，因此本部分不做描述性统计分析。

表 5-7 是运用全部观测值对所有变量所做的相关性检验。在各变量之间的相关性检验中，除了交叉项外，各变量相关系数基本均小于0.5，因此基本可以判断变量之间不存在严重的多重共线性问题。并且引入国际化程度与公司治理指标交叉项后，ROA 仍然与解释变量企业国际化程度（FSTS）显著负相关，与公司治理的相关指标第一大股东持股比例（SH1）、高管人员股权激励（TTS）、高管人员薪酬激励（TTP）呈显著正相关，与董事长总经理两职分离（Dir-ceo）呈显著负相关，但与独立董事比例（Indepen）不具有显著相关性。另外，ROA与国际化程度与董事长总经理两职设置的交叉项（FSTS×Dir-ceo）、国际化程度与高管人员薪酬激励的交叉项（FSTS×TTP）、国际化程度与独立董事比例的交叉项（FSTS×Indepen）均呈显著负相关关系。

表 5-7

变量的 Pearson 相关系数

变量名	ROA	FSTS	SHI	Dir-ceo	TTS	TTP	Indepen	FSTS×SHI	FSTS×Dir-ceo	FSTS×TTS	FSTS×TTP	FSTS×Indepen	STO	Size	Lev	Industry	Year
ROA	1																
FSTS	-0.052***	1															
SHI	0.068***	-0.007	1														
Dir-ceo	-0.039***	-0.068***	-0.033**	1													
TTS	0.142***	0.097***	-0.077***	-0.360***	1												
TTP	0.161***	-0.048***	0.001	0.116***	-0.049***	1											
Indepen	-0.004	-0.009	0.073***	-0.114***	0.053***	-0.022	1										
FSTS×SHI	-0.022	0.886***	0.307***	-0.091***	0.075***	-0.051***	0.028**	1									
FSTS×Dir-ceo	-0.051***	0.661***	-0.052***	0.474***	-0.116***	0.038***	-0.064***	0.550***	1								
FSTS×TTS	-0.016	0.966***	-0.012	-0.136***	0.264***	-0.054***	-0.001	0.853***	0.568***	1							
FSTS×TTP	-0.048***	0.998***	-0.009	-0.062***	0.095***	-0.001	-0.011	0.884***	0.666***	0.963***	1						
FSTS×Indepen	-0.051***	0.980***	0.007	-0.084***	0.101***	-0.055***	0.131***	0.878***	0.627***	0.949***	0.976***	1					
STO	-0.117***	-0.069***	0.113***	0.235***	-0.593***	0.192***	-0.050***	-0.043***	0.066***	-0.169***	-0.059***	-0.077***	1				
Size	-0.019	-0.070***	0.105***	0.151***	-0.238***	0.435***	-0.005	-0.049***	0.023	-0.102***	-0.050***	-0.076***	0.319***	1			
Lev	-0.286***	-0.086***	0.035**	0.172***	-0.379***	0.217***	-0.010	-0.075***	0.017	-0.148***	-0.075***	-0.086***	0.364***	0.448***	1		
Industry	0.035**	-0.037***	-0.026*	-0.065***	0.126***	0.016	0.017	-0.032**	-0.059***	-0.009	-0.032**	-0.031**	-0.121***	-0.094***	-0.115***	1	
Year	-0.115***	-0.002	-0.032**	-0.010	0.109***	0.171***	0.079***	-0.009	-0.011	0.014	0.006	0.011	-0.092*	0.152***	0.025*	0.047***	1

注：*** 在 0.01 水平（双侧）上显著相关；** 在 0.05 水平（双侧）上显著相关；* 在 0.1 水平（双侧）上显著相关。

资料来源：根据 Wind 数据库数据库中国 A 股上市公司数据，经筛选得 4 943 个观测值运用 SPSS 19.0 软件经相关性分析后整理而得。

表 5 – 8　　　　企业国际化、公司治理对企业绩效影响的回归结果

变量名	全部	低国际化企业	高国际化企业
常量	− 25.340 *** （ − 9.837）	− 24.284 *** （ − 6.371）	− 29.229 *** （ − 4.323）
FSTS	0.128 * （1.702）	0.286 （0.716）	0.164 （1.253）
SH1	0.029 *** （3.835）	0.037 *** （3.36）	0.014 （0.646）
Dir-ceo	− 0.223 （ − 0.916）	− 0.397 （ − 1.114）	0.172 （0.257）
TTS	− 0.041 （ − 1.079）	− 0.073 （ − 1.380）	− 0.196 * （ − 1.875）
TTP	2.167 *** （13.754）	2.464 *** （10.690）	2.196 *** （5.332）
Indepen	− 0.024 （ − 1.259）	− 0.090 *** （ − 3.127）	− 0.019 （ − 0.364）
FSTS × SH1	0.0002 （0.908）	− 0.001 （ − 0.976）	0.0005 （1.074）
FSTS × Dir-ceo	0.014 * （1.852）	0.028 （0.712）	0.007 （0.535）
FSTS × TTS	0.004 *** （3.549）	0.013 ** （2.341）	0.007 *** （3.282）
FSTS × TTP	− 0.016 *** （ − 3.557）	− 0.063 *** （ − 2.570）	− 0.019 ** （ − 2.452）
FSTS × Indepen	0.0005 （0.796）	0.011 *** （3.560）	0.0002 （0.175）
STO	− 0.709 *** （ − 3.096）	− 0.401 （ − 1.392）	− 1.047 *** （ − 2.758）
Size	0.189 ** （2.457）	0.095 （0.975）	0.388 *** （3.099）
Lev	− 0.094 *** （ − 21.339）	− 0.101 *** （ − 17.729）	− 0.078 *** （ − 11.458）
Industry	控制	控制	控制
Year	控制	控制	控制
Ajust – R^2	0.151	0.177	0.122
F 值	63.967 ***	47.148 ***	20.315 ***
N	4 943	3 000	1 943

　　注：*** 在 0.01 水平（双侧）上显著相关；** 在 0.05 水平（双侧）上显著相关；*
在 0.1 水平（双侧）上显著相关。
　　资料来源：作者运用 SPSS 19.0 加工整理而得。

三、回归结果分析

　　表 5 – 8 是增加了国际化程度和公司治理的交叉项后企业国际化和公司

治理对其绩效影响的回归结果。实证检验结果显示，公司治理能调节国际化对企业绩效的影响。根据表5-8，针对全部观测值，企业国际化程度与其绩效在0.1水平上显著正相关，其系数为0.128。这与表5-6显示的企业国际化与其绩效显著负相关截然相反。同时，交叉项FSTS×Dir-ceo、FSTS×TTS、FSTS×TTP与企业财务绩效有显著关系，这些都说明公司治理在企业国际化对绩效的影响中能起调节作用，公司治理越完善的国际化企业，随着其国际化程度的增加，企业的财务绩效将会得以提升。

第五节　国际化程度、公司治理与企业技术创新绩效的实证研究

一、技术创新绩效的区域差异

学者们通常采用技术创新投入和技术创新产出两类指标衡量技术创新及其绩效。地区技术创新投入主要指标包括 R&D 经费投入、R&D 人员当量及 R&D 项目数；技术创新产出的指标包括专利申请受理数、专利申请授权数、企业新产品开发数及新产品销售收入等。本部分在衡量企业技术创新的相关指标选择上，选择大中型企业的 R&D 投入和新产品开发数及销售收入以反映企业的自主创新及其将创新转化为生产力的能力。另外，相比其他类型的专利，发明专利更能体现技术创新绩效，是衡量一个地区技术创新能力最核心、最直接的指标，故本节选择国内发明专利申请受理数及其授权数，与大中型企业新产品开发数及新产品销售收入共同衡量某一地区的技术创新绩效。

为了研究技术创新绩效的区域差异，将全国（除港澳台地区，下同）31 个省区市分成东部、中部、西部三大区域，研究涵盖了 2008 ~

2014 年除西藏外 30 个省区市的数据。[①] 本部分数据主要源自国泰安（CSMAR）数据库，并利用 2009~2015 年《中国统计年鉴》和《中国科技统计年鉴》补充部分缺失数据。

从表 5-9 中 2008~2014 年东部、中部、西部技术创新相关指标的均值来看，无论是衡量技术创新投入的大中型工业企业 R&D 经费投入、R&D 人员当量、R&D 项目数还是衡量技术创新产出的发明专利申请受理数、发明专利授权数、大中型企业新产品销售收入及开发项目数上，东部地区与中部地区、西部地区均不可同日而语，差异非常显著。

表 5-9　　2008~2014 年东部、中部、西部技术创新相关指标均值

指标	全国	东部	中部	西部
大中型工业企业 R&D 经费投入（万元）	1 936 775.54	3 322 110.95	1 550 116.65	510 465.82
大中型工业企业 R&D 人员当量（人年）	61 253	102 515	53 135	16 916
大中型工业企业 R&D 项目数（项）	7 463.44	12 525.18	5 777.21	2 401.16
发明专利申请受理数（件）	14 720.14	25 262.71	9 376	5 175.71
发明专利授权数（件）	3 390.76	6 016.84	1 987.98	1 052.36
大中型企业新产品销售收入（万元）	31 647 208.58	55 262 851.93	24 267 193.64	7 763 274.6
大中型企业新产品开发项目数（项）	8 369.3	14 051.04	6 448.29	2 702.32
有效的 N（列表状态）	210	91	42	77

资料来源：根据 CSMAR 数据库、2009~2015 年《中国统计年鉴》《中国科技统计年鉴》计算得。

---

① 由于西藏自治区数据缺失较多，本节剔除了西藏自治区。本节将全国各省区市分成东部、中部、西部三大区域，东部包括北京、天津、河北、辽宁、上海、江苏、浙江、福建、山东、广东、吉林、黑龙江、海南；中部包括山西、安徽、江西、河南、湖南、湖北；西部包括内蒙古、贵州、云南、甘肃、青海、宁夏、新疆、陕西、广西、重庆、四川。

从技术创新投入指标看，2008～2014年全国大中型企业R&D经费投入均值1 936 775.54万元，R&D人员当量均值61 253人次/年，R&D项目数均值7 463.44项。但是东部、中部、西部差异悬殊，东部地区大中型工业企业R&D经费投入均值为3 322 110.95万元、R&D人员当量均值102 515人次/年，R&D项目数均值12 525.18项，不仅远高于全国平均，更是中部地区大中型工业企业R&D相应指标的2倍以上，西部地区大中型工业企业R&D相应指标的5倍以上。

从技术创新产出指标看，2008～2014年全国发明专利申请受理数均值14 720.14件，发明专利授权数均值3 390.76件，大中型企业新产品销售收入31 647 208.58万元，新产品开发项目数为8 369.3项。但是技术创新产出指标的区域差异类似于技术创新投入指标的区域差异，东部、中部、西部的差异依然悬殊，发明专利申请受理数、发明专利授权数、大中型工业企业新产品销售收入及其开发项目数等指标，东部地区都是中部地区的2～3倍，是西部地区的5～6倍。

比较各地区发明专利授权数及其申请受理数的相对关系可以在一定程度上反映各地区发明专利的质量。东部地区发明专利授权率为23.81%，高于全国平均授权率23.03%，更高于中部平均授权率21.20%及西部授权率20.33%。这说明东部地区发明专利不仅申请受理数均值远高于中部和西部地区，而且发明专利的质量同样高于中部和西部地区，其授权率最高。

各地区大中型工业企业新产品销售收入及其R&D经费投入比可以在一定程度上反映大中型企业R&D经费投入的产出，体现创新效率。根据表6-7，东部地区大中型工业企业新产品销售收入均值是其大中型工业企业R&D经费投入均值的16.63倍，高于全国的16.34倍及中部的15.66倍和西部的15.21倍。这说明东部大中型工业企业R&D经费投入比西部和中部大中型工业企业带来更高的产出，其新产品开发项目数及所带来的新产品销售收入均高于西部和中部。

以上这些对比数据充分说明了从东部到中部到西部，不仅技术创新程度逐渐递减，而且区域差异明显。综合来看，西部的技术创新投入和产出都远远不及中部和东部，需要重点关注和引导。

二、国际化程度、公司治理对技术创新绩效影响的实证研究

国际化是企业技术创新绩效的影响因素之一，而技术创新作为企业技术进步和生产率提高的前提，是企业升级的关键，并能显著促进产业结构升级，实现中国经济增长方式的顺利转变。研究包括国际化经营在内的技术创新影响因素能深入剖析、了解企业技术创新，从而能更好地促进企业升级的成功执行。

1. 企业技术创新影响因素的理论分析

（1）技术创新与国际化经营。

企业的国际化经营会产生技术创新效应吗？一些学者认为，出口贸易可以通过多种渠道促进一国的自主创新与经济增长，国际化程度的提高也有利于企业的技术创新与成长。然而，另外一些学者研究却发现，企业国际化程度的提高反而抑制了技术创新与绩效，出口贸易不一定能促进不发达国家的技术创新，甚至对不发达国家有损害作用（曾萍、邓腾，2012）。实际上，企业国际化经营对其技术创新产生复杂的影响，其影响的结果跟企业所处的外部经济发展水平、企业自身的发展阶段等都具有密切关系。基于"干中学"理论，国际化企业在国际化进程中不断学习国外先进技术和先进管理经验，能促进其学习与创新，所以国际化经营能促进技术创新。但是，另外，当企业处于较发达的经济环境中，自身发展稳定，较高与较稳定的出口市场份额可能抑制其技术创新的动机，使企业"安于现状"，减少在技术创新活动。

（2）技术创新与公司治理。

现代契约理论认为企业是"一系列契约的组合"，企业的缔约主体包括投资者、债权人、管理者、员工等，各缔约主体之间存在各种代理问题，公司治理正是源于解决各类代理问题尤其是所有权和经营权分离所导致的代理问题而产生。技术创新的主体是企业，企业为了提高市场竞争力以实现长远发展，需要根据内外环境做出技术创新的相关决策，而公司治理是提高企业经营管理效率及决策水平的制度安排，它对包括技术创新决策在内的各项决策影响重大。不同的公司治理体系会形成不同的创新模式。同时，学者们研究发现，一些规模和市场影响力相近的企业，创新表现却不同，这说明需要从企业内部进行考察，将创新与企业的组织特征联系起来（Fagerberg et al.，2005）。企业技术创新的权责配置是基于公司架构运作的，因此公司治理机制对技术创新的投入、利益分配和权力配置具有决定性的影响。不同企业研发费用的差异一方面与其所在地经济发展水平有关，另一方面与企业内部环境尤其是公司治理紧密相关。

股权的适度集中有利于促使经营者更加关注企业的长期发展，促进企业技术创新战略的决策和实施。但是随着股权集中度的提高，大股东承担的企业风险加大，而技术创新项目的风险大，从风险规避角度考虑，大股东的投资意愿降低，负相关关系越显著（杨建君、盛锁，2007）。维托等（Vito，2010）考察了加拿大公司，发现股权高度集中或者有控制性股东的公司，研发费用和研发产出均很少。另外，股权类型也是影响企业技术创新的重要因素。由于国有股东往往存在经营目标多元化、产权主体虚置、多层委托代理关系等，以及技术创新具有专业性、复杂性和非程序性等特征，导致国有股东的监督动力和监督能力不足，容易形成较为严重的内部人控制现象，内部人控制会带来企业经营目标的短期化，不利于企业的技术创新（冯根福、温军，2008）。

董事长和总经理两职合一，一方面有助于技术创新决策效率的提高；然而另一方面，董事长代表股东的利益，趋向于公司长期价值和投资收益的最大化，具有技术创新的动机，而技术创新的高风险对总经理的能力要求较高，一旦失败可能会对其工作稳定性、职业声誉等产生威胁，因此从这一角度看，两职合一不利于技术创新决策。

对高管人员的高额薪酬激励使其更换职位的机会成本较高，从而促进高管人员在技术创新决策时考虑公司长远发展战略，能在一定程度上减少刻意回避具有风险的创新项目。所以良好的激励机制有利于企业开展技术创新活动，加大研发力度（鲁桐、党印，2014）。

（3）技术创新与财务状况。

企业的技术创新是企业为了提高其竞争力而选择的发展路径，是内部决策结果。无论企业以何种途径提高技术创新能力，从财务角度来看，这些都是企业的投资。而良好的财务状况是企业进行各项投资的前提保证。广义的财务状况包括企业的偿债能力、盈利能力及其现金流状况等。

企业的偿债能力往往制约着技术创新活动。当企业的偿债能力不足（往往表现为其资产负债率较高或者流动比率较低），决策层因首先考虑如何偿还到期债务，而不敢加大技术创新投入。只有当企业没有偿债之压力时，才有利于技术创新决策。

一般而言，盈利能力强（往往表现为企业的收益率较高）的企业有能力投入技术创新活动，但是，当企业的盈利能力达到一定程度，可能因管理层满意于该盈利能力而降低了创新意愿，从这个意义上，较强的盈利能力可能不利于企业技术创新活动。

企业的经营活动、投资活动和筹资活动均会产生企业现金流，但是对于实体经济企业来说，经营活动产生的现金流是主要的且具有可持续性和可预测性，当企业的现金流不足时，"巧妇难为无米之炊"，纵然管理层具有技术创新的意愿也会因缺少现金而搁浅。只有当经营活动产生的现金流充裕时，才有能力增加技术创新投入。

2. 基本模型与变量设定

综上分析，构建如下计量回归模型以检验国际化对企业技术创新的影响。

$$
\begin{aligned}
RDTR = {} & \beta_0 + \beta_1 FSTS + \beta_2 Sh1 + \beta_3 Sh1 - dum + \beta_4 Sh2 - 10 \\
& + \beta_5 Dir\text{-}ceo + \beta_6 Indepen + \beta_7 TTP + \beta_8 ROE + \beta_9 Lev \\
& + \beta_{10} CR + \beta_{11} OCR + \beta_{12} Size \\
& + \sum \beta Region + \sum \beta Industry + \sum \beta year \qquad (5-3)
\end{aligned}
$$

模型 5.3 中被解释变量研发费用占收入总额的比重（RDTR）衡量研发费用强度，数值越大表明企业研发费用强度越高，企业越重视技术创新，往往其绩效较好。

如前，解释变量为 FSTS 反映企业的国际化程度。控制变量选择包括反映公司治理的相关指标，如第一大股东持股比例、第二至第十大股东持股比例、第一大股东股权性质、董事会结构、董事长和总经理两职合一、董监高薪酬总额等；另一类解释变量是反映企业财务状况及盈利能力等的相关指标，如净资产收益率、资产负债率、流动比率、经营活动产生的现金流量净额占收入的比重、企业规模等。控制变量包括行业、年份等基本特征。各变量具体说明详见表 5-10。

表 5-10　　　　　　　　　　　变量定义或说明

变量符号	变量含义	变量定义或说明
RDTR	研发费用占收入总额的比重	RDTR = 研发费用/营业收入
FSTS	国际化程度	FSTS = 海外业务收入/营业收入
SH1	第一大股东持股比例	采用第一大股东持股比例来反映股权集中度
SH2-10	第二至第十大股东持股比例	采用第二至第十大股东持股比例反映股权制衡度
SH1dum	第一大股东股权性质	第一大股东为国有时，SH1dum = 1，否则，SH1dum = 0

变量符号	变量含义	变量定义或说明
Indepen	董事会结构	Indepen = 独立董事人数/董事会总人数
Dir_ceo	董事长总经理两职合一	董事长总经理两职合一，Dir_ceo = 1，否则为 0
TTP	董监高薪酬总额	采用董监高薪酬总额（单位：亿元）反映薪酬激励
ROE	净资产收益率	ROE = 净利润/净资产 × 100%
Lev	杠杆比率	Lev = 负债总额/资产总额 × 100%
CR	流动比率	CR = 流动资产/流动负债
OCR	经营活动的现金流量净额比	OCR = 经营活动产生的现金流量净额/营业收入
Size	公司规模	资产总额的自然对数
Region	地区效应	三大地区，生成 2 个哑变量
Industry	行业效应	根据所属证监会行业名称，生成 16 个哑变量
Year	年度效应	共有 5 个会计年度，生成 4 个哑变量

3. 样本选择与数据来源

为了检验国际化对企业技术创新的影响，本书选取 2010～2015 年研发费用大于 0 的中国 A 股非金融类 1 369 家上市公司为样本公司，共获得 8 214 个观测值，其中东部为 947 家样本公司，中部 332 家样本公司，西部 90 家样本公司。样本区间从 2010 年开始是因为虽然 2006 年财政部颁布了《企业会计准则—无形资产》，对企业披露研发费用做出具体规定，但是由于不同公司研发费用披露口径不一致，导致对于相同年份，不同文献给出的研发费用数据有明显差异（文芳，2008；周杰、薛有志，2008；苏文兵等，2010）。直到近年来上市公司披露研发费用的信息才逐渐规范，所以研究从 2010 年开始。

4. 实证结果分析

（1）描述性统计结果。

主要变量的描述性统计结果详见表 5 – 11。根据表 5 – 11，2010～

2015 年所有 1 369 家样本公司研发费用占收入比重（RDTR）的均值 0.033，而东部上市公司研发费用占收入比重的均值是 0.035，明显高于中部和西部上市公司；中部上市公司研发费用占收入比重的均值是 0.030，略低于东部上市公司的研发费用强度，西部上市公司不仅研发费用占收入比重的均值最小为 0.018，且标准差也最小，说明西部上市公司普遍存在研发费用不高的现象。

所有样本公司的国际化均值为 0.134，[①] 其中东部企业的国际化程度最高，其均值为 0.154，也就是 15.4%，而中部和西部地区企业的国际化程度与东部地区差距较大，FSTS 的均值分别为 9.2% 和 7.6%。进一步说明了中国企业的国际化程度较低。

股东方面，第一大股东持股比例（SH1）均值 35.243%，东部、中部、西部上市公司不存在显著差异，说明中国上市公司一股独大现象比较普遍，地域差异不明显。第二至第十大股东持股比例（SH2－10）均值为 21.273%，远低于第一大股东持股比例的平均水平，说明样本公司的股权制衡度较弱，相比之下，东部上市公司的第二至第十大股东持股比例（SH2－10）均值为 21.922%，明显高于中部的 20.247% 和西部的 18.233%，表明东部上市公司的股权制衡度优于中部和西部上市公司。股权类型上看，第一大股东股权性质（SH1－dum）均值为 0.408，东部、中部、西部上市公司的均值分别为 0.343、0.524、0.667，说明西部上市公司第一大股东是国有性质的比例最高，大部分企业是国有控股企业，其次是中部，第一大股东国有比例最低的是东部。

董事会方面，所有样本公司董事长总经理两职合一（Dir-ceo）的均值是 0.245，东部为 0.276，远高于中部的 0.182 和西部的 0.154，说明东部上市公司董事长兼总经理的现象比中部和西部普遍，这可能是因

---

① 本部分样本与 4.2 部分样本公司不同，4.2 是选择有海外业务收入的企业作为样本，本部分选择有技术创新投入的样本公司为研究对象，因此 FSTS 的均值不同。

为东部上市公司中民营经济占较大比重，民营企业中董事长兼总经理的现象比国有企业更普遍。描述性统计数据显示东部、中部、西部上市公司独立董事比例（Indepen）的均值几乎不存在差异，基本都在 0.37，表明所有上市公司在独立董事人员设置上均按照证监会的要求设置，上市公司间不存在明显差异。

从薪酬激励来看，所有样本公司董监高薪酬总额（Pay）的均值为 0.047 亿元，相比之下，东部上市公司董监高薪酬总额均值为 0.050 亿元，明显高于中部上市公司的 0.039 亿元和西部上市公司的 0.041 亿元，而中部和西部上市公司董监高薪酬总额的均值接近，中部略低于西部。

财务状况的相关指标显示，全部样本公司的资产负债率（Lev）均值为 43.024%，东部、中部、西部上市公司的资产负债率均值呈上升趋势，东部的均值最低为 41.830%，西部最高为 49.160%。反映企业短期偿债能力的流动比率（CR）呈递减趋势，东部上市公司的流动比率均值为 3.094，高于全部样本公司的均值 2.874，更高于中部上市公司和西部上市公司的均值。这说明东部上市公司的偿债能力优于中部和西部上市公司。

净资产收益率（ROE）是反映企业盈利能力的指标，全部样本公司的净资产收益率为 7.302%，东部上市公司为 7.890%，高于中部上市公司的 6.112% 和西部的 5.493%。表明从东部到西部，企业的盈利能力呈下降趋势。

经营活动产生的现金流量净额与收入比重（OCR）是衡量现金流的指标，企业的现金流量可以分为三大类：经营活动产生的现金流量、投资活动产生的现金流量和筹资活动产生的现金流量。其中，经营活动产生的现金流量是实体经济主要的现金流。从描述性统计结果看，所有样本公司的经营活动产生的现金流量净额与收入比重 4.382，高于东部上市公司的均值 3.083，低于中部和西部上市公司的均值。这可能是因为 2010 年以来，尤其是东部地区，受原材料、人工等成本上升的影响，实体经济生存艰难，金融经济对实体经济的挤出效应明显，导致企业的日常经营活动业务减少，金融类投资增加的原因。

表 5-12 是连续型变量之间的 Pearson 相关系数检验。在各连续型变量的 Pearson 检验中，相关系数均小于 0.5，因此基本可以判断变量之间不存在严重的多重共线性问题。在 Pearson 检验值中，发现企业研发费用占收入比重（RDTR）与第一大股东持股比例（SH1）、第一大股东股权性质（SH1dum），公司规模（Size）、资产负债率（Lev）、净资产收益率（ROE）呈显著负相关，与第二至第十大股东持股比例（SH2-10）、董事长总经理两职合一（Dir-ceo）、董监高薪酬总额（Pay）、流动比率（CR）呈显著正相关。

表 5-11　　　　　　　　　　主要变量的描述性统计

变量	全国		东部		中部		西部	
	均值	标准差	均值	标准差	均值	标准差	均值	标准差
RDTR	0.033	0.050	0.035	0.050	0.030	0.056	0.018	0.028
FSTS	0.134	0.209	0.154	0.226	0.092	0.160	0.076	0.140
SH2-10	21.273	12.912	21.922	12.966	20.247	12.819	18.223	11.993
Lev	43.024	21.248	41.830	21.305	44.769	21.157	49.160	19.431
ROE	7.302	15.395	7.890	15.518	6.112	14.490	5.493	16.889
OCR	4.382	204.939	3.083	246.095	7.005	16.854	8.374	23.258
CR	2.874	5.529	3.094	6.154	2.479	3.645	2.022	3.966
Dir-ceo	0.245	0.430	0.276	0.447	0.182	0.386	0.154	0.361
Indepen	0.370	0.055	0.370	0.054	0.370	0.055	0.372	0.062
TTP	0.047	0.048	0.050	0.050	0.039	0.040	0.041	0.041
Size	22.003	1.257	21.986	1.273	22.002	1.216	22.188	1.228
SH1-dum	0.408	0.492	0.343	0.475	0.524	0.500	0.667	0.472
N	8 214		5 682		1 992		540	

资料来源：根据 Wind 数据库中国 A 股上市公司数据，经筛选得 1 369 家上市公司 8 214 个观测值运用 SPSS 19.0 软件经描述性分析后整理而得。

表 5 – 12

变量的 Pearson 相关系数

变量	RDTR	SH1	SH2 – 10	Lev	ROE	FSTS	OCR	CR	Dir-ceo	Indepen	Pay	Size	SH1 – dum
RDTR	1												
SH1	-0.118***	1											
SH2 – 10	0.155***	-0.373***	1										
Lev	-0.251***	0.085***	-0.291***	1									
ROE	-0.022**	0.071***	0.073***	-0.100***	1								
FSTS	0.008	-0.023	0.060***	-0.057***	-0.046***	1							
OCR	0.011	0.019	-0.001	0.01	0.022**	0.007	1						
CR	0.182***	-0.027	0.199***	-0.392***	0.039***	0.061***	-0.061***	1					
Dir-ceo	0.111***	-0.040***	0.100***	-0.155***	0.021*	0.072***	-0.018	0.108***	1				
Indepen	0.014	0.047***	-0.049***	0.009	-0.025**	-0.006	0.008	-0.012	0.109***	1			
TTP	0.011	0.021*	0.038***	0.124***	0.182***	0.002	0.013	-0.064***	-0.065***	0.026**	1		
Size	-0.159***	0.270***	-0.142***	0.497***	0.069***	-0.082***	0.037	-0.197***	-0.164***	0.046***	0.372***	1	
SH1 – dum	-0.167***	0.174***	-0.255***	0.275***	-0.047***	-0.106***	0.013	-0.165***	-0.279***	-0.031***	0.077***	0.319***	1

注：*** 在 0.01 水平（双侧）上显著相关；** 在 0.05 水平（双侧）上显著相关；* 在 0.1 水平（双侧）上显著相关。

资料来源：根据 Wind 数据库中国 A 股上市公司数据，经筛选得 1 369 家上市公司 8 214 个观测值运用 SPSS 19.0 软件经相关性分析后整理而得。

表5-13　　　　企业国际化、公司治理对技术创新影响的回归结果

变量	全国	东部	中部	西部
（常量）	0.0489 *** (4.057)	0.0361 ** (2.546)	0.0413 (1.476)	0.0254 (1.064)
FSTS	-0.0122 *** (-4.751)	-0.0193 *** (-6.969)	0.0201 *** (2.618)	0.0081 (0.957)
SH2-10	0.0002 *** (4.701)	0.0003 *** (5.130)	0.0001 (0.54)	0.0002 ** (1.965)
SH1-dum	-0.0043 *** (-3.541)	-0.0065 *** (-4.486)	-0.0002 (-0.075)	-0.0024 (-0.887)
Dir-ceo	0.0049 *** (3.797)	0.0043 *** (2.957)	0.0067 ** (2.085)	0.0089 *** (2.626)
Indepen	0.0119 (1.239)	0.0247 ** (2.163)	-0.0129 (-0.577)	0.0029 (0.157)
TTP	0.0523 *** (4.305)	0.0651 *** (4.801)	0.0243 (0.736)	0.0828 *** (2.724)
Lev	-0.0003 *** (-11.024)	-0.0004 *** (-10.935)	-0.0003 *** (-3.611)	-0.0002 *** (-3.014)
ROE	-0.0001 *** (-3.357)	-0.0001 (-1.582)	0.0003856	0.0001919
OCR	0.0000 ** (2.064)	0.0000 ** (2.332)	-0.0003 *** (-4.261)	-0.0000 (-0.324)
CR	0.0010 *** (9.252)	0.001 *** (8.449)	0.0012 *** (3.061)	0.0003 (1.042)
Size	-0.0016 *** (-2.909)	-0.0014 ** (-2.155)	-0.0012 (-9.27)	-0.0012 (-1.056)
Region	-0.0042 *** (-4.670)	/	/	/

变量	全国	东部	中部	西部
Industry	0.0017*** （11.087）	0.0018*** （10.077）	0.0013*** （3.824）	0.0009*** （3.422）
Years	0.0040*** （12.312）	0.0039*** （10.422）	0.0047*** （6.266）	0.0022*** （3.095）
N	8 214	5 682	1 992	540
Adj – R²	0.128	0.153	0.081	0.138
F 值	81.675***	74.421***	13.567***	7.183***

注：***在 0.01 水平（双侧）上显著相关；**在 0.05 水平（双侧）上显著相关。括号内为 t 值。

资料来源：根据 Wind 数据库中国 A 股上市公司数据，经筛选得 1 369 家上市公司 8 214 个观测值运用 SPSS 19.0 软件经回归分析后整理而得。

（2）回归结果分析。

为了与分地区回归结果对比，首先，不区分地区，对各地区所有上市公司进行全样本回归，然后分地区分别对东部、中部、西部进行回归，以比较全国和不同地区企业技术创新的影响因素。表 5 - 13 是企业技术创新影响因素的回归结果。

①不分地区的全样本回归结果分析。

就 1 369 家样本公司 8 214 个观测值看，企业的国际化程度（FSTS）与技术创新投入呈显著负相关关系，表明企业海外业务收入占比越高，其技术创新投入越少。但是比较分地区的回归结果，发现海外业务收入占比高低对技术创新的影响在不同地区是不一样的，它对东部地区的上市公司产生显著的负向影响，对中部地区的上市公司产生显著的正向影响，对西部地区的上市公司没有产生显著影响。这可能是因为东部、中部、西部地区的经济发达程度决定着不同地区企业的发展水平，处于不同发展水平不同发展阶段的企业，其跨国经营情况会对其技术创新产生不同的影响。

　　就全国 1 369 家样本公司而言，公司治理相关指标中股权制衡度（SH2 - 10）、董事长总经理两职合一（Dir-ceo）、董监高薪酬总额（Pay）与企业的技术创新投入呈显著正相关关系。这意味着一定的股权制衡、董事长总经理两职合一及董监高薪酬都有利于管理层关注企业长远发展促进企业技术创新投入的增加。第一大股东的持股比例（SH1）及其性质（SH1 - dum）与企业的技术创新投入呈现显著负相关，说明第一大股东持股比例越高，尤其是国有性质的第一大股东持股比例越高，越不利于企业的技术创新。

　　企业财务状况的相关指标中，经营活动产生的现金流量净额比（OCR）、流动比率（CR）与其技术创新投入呈显著正相关关系，也就是说当企业经营活动产生的现金流量越充裕，其流动资产高于流动负债的倍数越多，反映企业的财务状况良好，企业越有技术创新的可能。这点可以通过资产负债率指标得以验证，表 4 - 8 回归结果表明，企业的资产负债率与技术创新投入呈显著负相关关系，同样验证了当资产负债率较高时，企业不仅不加大技术创新投入，反而会减少投入。另外，反映企业盈利能力的指标—净资产收益率（ROE）与其技术创新投入也呈显著负相关关系，当企业的盈利能力较强时，企业可能会因满意于较强的盈利能力而缺少技术创新的动机和意愿。回归结果同样证实企业的规模（Size）与技术创新呈显著负相关关系，也就是说随着企业规模的增加，其技术创新投入下降，进一步说明企业的财务状况健康与否与技术创新投入有直接关系。

　　另外，回归结果显示，地区（Region）与技术创新投入呈显著负相关，也就是从东部往西部，企业的技术创新投入是递减的，这与表 5 - 11 对 RDTR 的描述性统计分析结果是一致的，根据表 5 - 11，东部的 RDTR 均值为 0.035，高于中部的均值 0.030，更高于西部 0.018 的均值。

②东部、中部、西部样本公司回归结果比较分析。

通过对东部、中部、西部地区样本上市公司回归结果比较，发现国际化程度及公司治理因素的不同层面和企业财务状况对不同地区企业的技术创新投入产生不完全相同的影响。

第一，国际化程度对不同地区企业技术创新的影响不同。

正如前文提到的，比较分地区的回归结果，发现国际化程度高低对技术创新的影响在不同地区是不一样的，它对东部地区的上市公司产生显著的负向影响，对中部地区的上市公司产生显著的正向影响，对西部地区的上市公司没有产生显著影响。东部、中部、西部地区的经济发达程度决定着不同地区企业的发展水平，处于不同发展水平不同发展阶段的企业，其跨国经营情况会对其技术创新产生不同的影响。对于东部企业来说，海外业务收入越多，说明其产品在国际市场上畅销，由于相比中西部企业，东部企业处于相对成熟的发展阶段，其产品也越成熟，国际竞争力越强，所以企业更倾向于稳定地发展；而对中西部企业来说，由于中西部企业处于经济相比东部欠发达的发展水平，总体来看企业的发展也处于成长期，故当中部企业的海外业务收入占比越高时，企业可能越倾向于在"干中学"，学习国内外先进技术，进一步提升企业产品质量和企业的国际竞争力。

第二，董事长总经理两职合一对不同地区企业技术创新存在显著的正向影响。

对东部、中部、西部样本公司回归结果比较分析得出，在所有影响因素中，最稳定的是董事长总经理两职合一（Dir-ceo），无论是全样本回归结果还是分地区回归结果均显示董事长总经理两职合一对企业技术创新投入产生显著正向影响，也就是说两职合一不仅有助于提高企业的技术创新决策效率，而且相比董事长总经理两职分离，两职合一的设置使总经理追求企业的长远发展，摒弃其短期利益视角，更有意愿加大技术创新投入。

第三，股东和董事会因素对不同地区企业技术创新投入的影响差异较大。

股东方面，第一大股东持股比例及其股权性质对东部企业的技术创新投入产生显著的负向影响，第二至第十大股东的持股比例对东部企业的技术创新投入产生显著正向影响。这也就意味着，对于东部企业来说，适度的民营性质的第一大股东持股比例，一定的股权制衡度能促进东部企业的技术创新投入。然而，第一大股东的持股比例及其股权性质对中部、西部企业技术创新投入不产生显著的影响。第二至第十股东的持股比例对西部企业的技术创新投入有显著的正向影响，也就是说，一定的股权制衡有利于西部企业的技术创新，然而它对中部企业的技术创新投入却是不显著的影响。

董事会方面，独立董事比例对东部企业的技术创新投入产生显著的正向影响，说明东部企业的独立董事比例越高，其在技术创新决策中发挥的作用越明显，越有利于技术创新。但是独立董事比例对中部和西部企业的技术创新投入不产生显著的影响。

董监高薪酬总额对东部和西部企业技术创新投入均产生显著正向影响。这意味着良好的激励措施有利于减轻企业的各种代理问题，对董监高的激励措施越到位，董监高的利益与股东利益、企业利益越能保持一致，越有利于企业技术创新投入的增加。

第四，财务状况对不同地区企业技术创新投入的影响。

财务状况相关指标中，最稳定的是资产负债率，无论是全样本回归结果还是分地区回归结果均显示资产负债率对企业技术创新投入产生显著负向影响，也就是说，随着企业资产负债率的增加，其偿债压力增加，则在技术创新投入上必将减少。这点可进一步运用流动比率指标印证，东部和中部企业的流动比率高低对技术创新投入产生显著正向影响。流动比率越高，企业的短期偿债能力越有保障，即其偿债压力越轻，所以在技术创新上的投入可能增加。企业规模对东部企业的技术创新投入产生显著的负向影响，也就是说东部具有一定规模的企业更倾向于技术创新以扩大规模，而规模足够大的企业在技术创新上可能存在投入意愿不足的情况。数据显示，企业规模对中部和西部企业的技术创新投入没有显著影响，而中西部企业的盈利能力对其技术创新投入产生显著的负向影响，同样说明，盈利能力较强的中西部企业在技术创新上可能存在意愿不足的情况。

5. 研究结论

以 2010～2015 年中国沪深 1 369 家上市公司为样本，按照上市公司注册地所在省份将 1 369 家上市公司分为东部、中部、西部三大地区，分别考察三大地区国际化程度、公司治理对企业技术创新绩效的影响。实证结果表明：第一，在不分地区的情况下，企业国际化程度、第一大股东持股比例及国有股权性质、高资产负债率、净资产收益率以及较大的企业规模都会对技术创新产生不利影响；一定的股权制衡度、董事长总经理两职合一、对董监高的激励、较高的流动比率和较高的经营活动产生的现金流入净额比都能显著促进企业技术创新投入；独立董事比例对企业技术创新投入的影响不显著；第二，区分地区后，不同公司治理和财务状况对不同地区企业的技术创新投入产生不同影响。总体来看，公司治理和财务状况因素对东部地区企业技术创新投入的影响更加显著，对西部企业影响的显著性最弱；第三，从东部到西部，企业的技术创新投入是递减的，这可能是因为企业的技术创新投入不仅和企业的公司治理、财务状况有关，也和企业所在地的经济发展程度及市场化水平相关，经济越发展、市场化程度越高的东部，企业技术创新的需求越强烈，投入也越多。

第六章　国际化企业优化公司治理提升企业绩效措施的研究

第五章理论与实证研究都支持完善的公司治理能有效调节企业国际化经营对其绩效的影响。实证研究结果表明，现阶段中国企业国际化程度与其绩效呈显著负相关关系，对于国际化程度为20%以下的低国际化企业，这种显著负相关影响更大。但是进一步研究发现，加入公司治理调节变量后，企业国际化程度与其绩效呈显著正相关。这说明公司治理在国际化对企业绩效的影响中能起调节作用，公司治理越完善的国际化企业，随着其国际化程度的增加，企业绩效将会得以提升。公司治理的完善离不开合理的组织架构，同时，如前文所述，基于代理理论与不完备契约理论，激励机制和监督机制有助于减轻企业国际化经营后的代理问题，降低代理成本，而剩余控制权的配置有助于降低国际化投资资产专用性带来的机会主义，所有这些治理制度的完善均能使国际化提升企业绩效。另外，对于国际化企业来说，地域范围的扩大使得信息沟通至关重要，建立能及时有效沟通的信息沟通制度能极大地提高企业效率，从而提升绩效。因此，本部分从国际化企业组织架构、激励制度、监督制度和信息沟通制度四方面对完善国际化企业的公司治理以提升企业绩效展开研究。

第一节　国际化企业组织架构设置

美国战略管理学家钱德勒（Chandler，1962）在《战略与结构：工业企业史的考证》中指出：企业组织结构应追随企业战略。这就是说当企业战略发生变化时，企业内部组织结构应跟随企业战略变化而不断调整以适应战略的变化。因此企业组织结构具有动态适应性，它需要适应企业的经营战略，换言之，企业的经营战略决定着企业组织结构模式的设计与选择。同时，企业经营战略的实施效果又受企业组织结构模式的制约。因此，企业不同的战略模式要求对应不同模式的组织架构。战略调整过程是一个渐进连续过程，因此，组织结构追随战略曲线也是一条连续光滑的曲线，如图 6 - 1 所示。

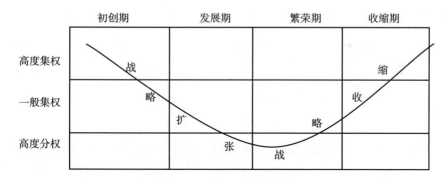

图 6 - 1　组织结构追随战略曲线

资料来源：根据作者对钱德勒"组织结构追随战略"理解而绘制。

企业国际化是一种经营战略，不同的国际化程度、国际化区位选择、国际化发展阶段等因素都影响国际化企业选择不同的组织结构，而选择任何一种组织结构的目的都是为了保障企业国际化战略的成功实施。

组织架构是指企业按照国家有关法律法规、股东（大）会决议和企业章程，结合企业实际，明确股东（大）会、董事会、监事会、经理层和企业内部各层级机构设置、职责权限、人员编制、工作程序和相关要求的制度安排。

尽管经过多年建设，中国企业组织架构处于不断完善中，但是对于国际化企业，因为国际化或使企业新步入多元化发展时代，或是延长产业链等等，势必对企业组织架构的重新调整提出新的要求，也就是说，企业要重新梳理调整组织架构以使其适应国际化经营的需要，从而减少国际化后经营风险。同时，合理设置企业组织架构是解决国际化企业各类代理问题的关键。健全国际化企业组织架构，包括选择合适的企业组织形式；依据企业组织形式设计合理的股权结构；最重要的是依据国际化战略要求以及组织形式、股权结构等特征，设计与调配企业权力机构、决策机构、执行机构或团体以及决策权、执行权、监督权等相应的职权。否则，将会因为组织架构不合理带来企业层面的高风险而导致国际化失败。从不完备契约理论的角度看，合理设置国际化企业的组织架构，明确各岗位职责实际上也是合理配置剩余控制权以减少企业内部机会主义导致的敲竹杠行为的必须过程。

一、确保国际化过程中决策权、执行权和监督权相互分离

为了提升企业绩效，企业国际化经营战略实施后应当对原公司治理结构和内部机构设置进行全面梳理，确保企业治理结构、内部机构设置和运行机制等符合国际化经营战略要求。梳理公司治理结构时，应当重点关注董事会、经理层和监事会的设置，使其满足国际化过程中企业决策权、执行权和监督权相分离的原则，形成三者之间的相互制衡，以减少代理问题。

　　国际化经营是企业的重大战略决策，在国际化过程中必然涉及各类重大决策、重大事项、重要人事任免等业务。对于各类重大决策、重大事项、重要人事任免，企业首先应当根据实际情况明确"重大"和"非重大"的区分标准，以使国际化过程中所有重大事项得到控制；其次应当设计规定的审批权限和审批程序以审批国际化进程中的重大决策、重大事项、重要人事任免，原则上此类重要事项应通过董事会甚至股东大会实行集体决策审批制度。

　　根据第五章国际化程度对公司治理结构影响的实证检验结果，总体来看，国际化程度较高的企业倾向于董事长总经理两职合一，这同样也说明董事长总经理两职合一有利于企业国际化经营战略。为了提高国际化经营决策效率，增强企业国际竞争力，国际化经营企业宜采用两职合一的设置。但是两职合一会使总经理等高层执行人员的权力过度膨胀，削弱董事会监督高层管理人员的有效性，所以董事长总经理两职合一后，应采取其他有效措施以减少因两职合一带来的代理问题。同时，必须切实强化监事会和独立董事的监督作用，防止董事长总经理两职合一后的高层执行人员权力过度膨胀。但是第五章实证检验结果显示，独立董事在企业国际化决策中发挥的作用不如内部董事，事实上，对于大部分上市公司来说，独立董事的设置更多的是为了满足证监会的要求，应该采取有效措施探求真正充分发挥独立董事在包括国际化经营决策在内的各项决策中的作用，以更好地实现独立董事的监督职能。

二、国际化企业组织架构设置：以跨国公司为例

　　跨国企业管理的重心是决策权、执行权和监督权如何配置的问题，其中决策权的配置尤为重要，需要通过设置合理的组织架构保障母公司与境外子公司决策权的纵向配置。也就是说组织架构设置的实质是决策权集中在母公司或是赋予境外子公司，这本质上是属于跨国公司管理体

制是相对集中还是相对分散的问题。确定跨国企业管理体制的关键是根据跨国公司外部环境及竞争的需要，结合企业内部实际情况，合理地分配跨国公司母子公司的管理权限以使跨国公司运作高效、信息畅通。跨国公司组织架构设置与企业所处发展阶段、企业类型、企业规模和子公司所处的东道国文化等因素相关。

1. 企业所处发展阶段

按照企业生命周期理论，企业发展阶段可以划分为四个阶段：初创阶段、发展阶段、成熟阶段、衰退阶段。企业处在不同的发展阶段，其发展战略、经营方针和管理方式呈现不同的特征，因而对其管理体制、组织架构也提出不同的要求。跨国公司往往出现在企业迅速发展阶段或成熟阶段。

相比初创阶段，处于迅速发展阶段企业的管理能力和控制能力较强，为了进入国际市场获取更大利益，往往通过收购、兼并和控股等形式在全球范围内扩张从而形成跨国公司。随着集团规模不断扩大，高度集权的管理体制会导致决策效率低下、对市场与环境的反应速度滞后、难以适应开拓新市场需要等诸多问题，而跨国企业的地理距离又进一步加剧了这些高度集权的弊端。因此，发展阶段跨国企业的管理体制应当以集权为主，适当分权为原则，尤其对境外子公司，应赋予更多的决策权，集团公司（母公司）控制重大的决策权，将日常经营的管理权及部分决策权交给境外子公司，因此在设置母公司和境外子公司关键岗位职责时，应充分考虑以集权为主、适当分权的原则，明确各关键岗位职责。

当跨国公司发展到一定规模进入了成熟阶段，其边际规模经济效应逐渐下降，当其为零时企业规模达到最大。企业规模的进一步扩大使得跨国企业集团的管理协调难度随之进一步加大，并且跨境经营对企业组织架构的效率性和灵活性要求更高。因此跨国公司成熟阶段的组织架构可以考虑选择更高程度分权管理的组织架构。集团母公司只控制关系集团前途命运的重大决策权，赋予境外子公司充分的经营权、投资决策权、资金使用权等权限。

综上，总体来看，跨国公司的组织架构应满足赋予境外子公司较大的决策权和灵活性以保证境外子公司对东道国市场变化迅速做出反应，但是在跨国公司发展的初期，相对集权、适当分权的管理体制更适合企业在进入国际市场的初期控制各类国际化风险。

2. 企业类型

依据母公司的业务性质，跨国集团公司可划分为产业经营型跨国集团、控股型跨国集团和混合型跨国集团三种类型。对于不同类型的跨国公司，应设置不同的组织架构以满足其对决策权集中或分散的不同要求。

为了获取产业协同效应、规模效应和专业化效应，在全球经济一体化背景下，母公司沿着产业链扩张从而形成产业经营型跨国公司。因此产业经营型跨国集团的母公司往往是某一产业经营单位，具有在产业内较强的核心竞争力，集团成员一般为境外上下游企业或相同业务的企业，在生产和经营上需要依附于具有较强核心竞争力的母公司，因此母公司在产业链分工中具有龙头地位，这使其对境外子公司具有较强的控制能力。因此产业经营型跨国集团往往建立集权型的管理体制。这说明沿着全球价值链向上下游产业延伸及横向扩张并在业内具有主导地位的国际化企业应该采用相对集权的组织架构，更多地保障母公司的决策权。

控股型跨国集团的母公司在全球范围内从事投资控股的资本经营业务，他们以直接追求资本增值和回报为目的。因此，控股型跨国集团母公司主要关注所投资企业的回报能力和风险水平，如果所投资企业的盈利状况不能满足母公司的预期盈利目标，母公司可能随时将其出售，并寻找盈利状况更优的其他企业实现投资控股，换言之，控股型跨国集团的母公司选择所投资企业的标准往往直接基于投资回报和风险水平。因此母公司关注更多的是成员企业经营结果，而不是其生产经营行为。一般而言，控股型的跨国集团较多地采用相对分权的组织架构。

当跨国集团母公司既从事产业经营，相关成员企业对其具有产业依附性，又从事投资控股的资本经营业务，这就形成了混合型跨国集团。混合型企业集团的决策权的集中程度介乎产业经营型和控股型之间，母公司注重控制产业型成员企业的经营过程，也注重考核和控制资本经营控股成员企业的运作结果。因此，其所选择的组织架构也应当是满足该决策权要求，赋予不同类型的成员企业不同的权限。

3. 企业规模

不同企业规模的跨国集团所采用的管理体制不同导致其组织架构也不相同，一般认为大型跨国集团资金规模大，管理经验丰富，有能力对境外子公司实行集权式管理模式，但是同时，大型跨国集团往往多元化经营，境外子公司量多面广，导致集团内部关系和所处的东道国环境较为复杂，客观上需要实行分权管理，因此大型跨国集团往往选择适应于集权为主、分权为辅管理体制的组织架构。而中小型跨国集团的经营跨度较小、境外子公司数量不多且可能比较集中于某一东道国，环境复杂程度不高，组织架构易于集中且效益明显，因此中小型跨国集团经营最好选择建立集权型组织架构。

4. 子公司所处东道国的文化

当境外子公司处于崇尚民主决策的东道国文化中，成员企业乐于承担责任和风险，适合采用分权的组织架构；而当境外子公司处于崇尚威权的东道国文化中，成员企业倾向行为整齐划一，讲究协调和纪律，此时更适合采用集权管理的组织架构。

综上，当企业通过国际化经营发展壮大为跨国公司时，应当从企业所处的发展阶段、集团公司的类型、规模大小、子公司所处东道国文化等因素考虑重新梳理设置跨国公司组织架构，以使其能满足国际化战略的要求。同时，国际化企业在对治理结构和内部组织进行全面梳理的基础上，还应当定期对组织架构设计和运行的效率与效果进行动态评价并及时优化调整，使公司的组织架构始终处于高效运行状态，助推国际化经营绩效的提升。

第二节　合理设计国际化企业激励制度

如前文所述，代理理论下企业国际化经营后更复杂的代理关系加剧了代理问题及其风险，企业为了控制国际化风险提高企业绩效，必须通过激励手段激励代理人，使其能够在满足自身利益的前提下，最大化委托人利益，从而获得国际化经营战略的成功。第五章实证检验结果同样支持对董事、监事和高管人员使用货币资金、股权等形式激励，使其利益与股东利益保持一致，能减少国际化经营决策和执行过程中的代理问题。

一、国际化企业激励不足带来的问题

基于代理理论，不同岗位员工都是构成企业各种代理关系的委托人或代理人，比如从股东—经营者（高管人员）代理关系看，股东是委托人，经营者（高管人员）是代理人；但是当高管人员（比如总经理）进一步将企业的部分经营决策权委托给企业的中层管理人员（比如部门经理）时，高管人员是委托人而中层管理人员是代理人，以此类推，代理关系普遍存在于企业中。当然，在所有代理关系所产生的代理问题中，核心是股东和经营者（高管人员）之间可能存在的代理问题。

对代理人的激励问题本质上是企业的人力资源管理问题。人力资源，是指企业为组织生产经营活动而录（任）用的各种人员，包括董事、监事、高级管理人员和全体员工。相比非国际化企业，国际化企业对人力资源的要求更高更迫切，无论是技术、管理、产品研发还是战略转型、拓展市场等等，都需要具备较高专业能力的员工为成功实现企业国际化战略提供保障。因此，综合来看，人力资源及其激励问题是影响企业国际化风险高低的重要因素，国际化企业人力资源激励不足至少带来以下问题。

1. 国际化人才缺乏或人才开发机制不健全

跨国经营企业面临比国内经营企业更高的风险，对人才要求更高然而人才缺乏也是更加严重。以"走出去"起步较早的浙江省为例，自万向集团 1993 年在美国设立万向集团美国公司以来，截至 2016 年 11 月底，浙江省经审批核准或备案的境外企业和机构共计 8 635 家，累计对外直接投资额折合 609.52 亿美元。[①] 根据 2015 年 3 月浙江省工商联对"走出去"民营企业的调研显示，当前影响浙江省民企"走出去"发展最突出的制约因素是缺乏人才，有 63.91% 的企业表示企业缺乏国际经营管理人才，40.6% 的企业表示缺乏专业技术人才。调研中，许多企业反映人才缺乏成为制约企业"走出去"的突出问题，企业管理与技术人员的国际化视野、外语能力难以充分支持海外扩张需要，缺乏通晓国际法和国际商业惯例的人才，且企业在吸引、培养、留住国际化人才方面也缺乏经验。

因此，相比非国际化企业，国际化使企业面临全新的内外部环境，

---

① 数据来源：浙江商务厅网站，http://www.zcom.gov.cn/art/2016/12/13/art_2035_243045.html.

更容易出现人力资源缺乏，也可能出现国际化经营后人力资源的开发机制不健全问题，尤其容易出现企业决策层和执行层的高管人员缺乏，而决策层和执行层对于实现企业国际化发展战略具有十分重要的作用。因此，在企业国际化过程中，应当通过发展战略的制定与实施，不断验证决策层和执行层的工作能力和效率，及早解决评估考核过程发现的不胜任相应岗位工作的决策人员与执行人员，避免企业国际化经营失败。

2. 激励不足导致技术人才流失与关键技术泄露

企业国际化往往离不开技术创新，而技术创新依赖专业技术人员，一旦人力资源激励制度不合理可能导致专业技术人员流失或经营效率低下，同时，专业技术人员的流失也可能进一步导致企业的关键技术泄露，从而丧失其竞争优势，更严重者有可能会直接导致企业国际化失败，因此如何留住掌握核心技术的专业人员是国际化企业人力资源管理的重点。

技术创新博弈理论认为，在创新过程中，必须正确处理好自主创新与引进模仿的相互关系，尤其是在国际市场竞争环境中，只有不断提高企业的学习能力，在"干中学"中广泛吸收消化国际先进技术基础上，通过自主创新，形成具有自主知识产权的核心技术和专有知识，才能获得国际市场竞争的优势。因此国际化企业应更重视自主创新，积极推进企业技术升级，这就更离不开专业技术人员的创新和研发，更需要合适的激励制度对专业技术人员进行激励。

二、国际化企业激励制度的设计原则

无论是国际化企业还是非国际化企业，为实现其发展目标，都会面临对员工的激励问题。然而国际化企业比非国际化企业更迫切需要引进人才、留住人才，因此设计合理的激励制度显得越发重要。良好的人力资源激励机制使企业员工充满工作积极性，促使企业人力资源符合企业发展目标。为了确保人才的有效利用，尤其使管理人员队伍和专业技术人员队伍持续保持优化状态，企业应当建立和完善人力资源激励约束机制，致力促进企业人力资源系统良性循环，以保证企业目标的实现。

1. 合理设置绩效考核机制

为了有效激励所有员工，国际化企业首先要合理设置绩效考核机制，彻底打破"大锅饭"体制。由于绩效考核对调动员工积极性和创造性具有引导作用，企业应建立以绩效为核心的分配激励制度，坚持效率优先、兼顾公平；并设置科学的业绩考核指标体系，对各级管理人员和全体员工进行严格考核与评价，绩效考核与员工贡献程度相协调，杜绝任何人员获得超越其实际贡献的薪酬。

2. 科学运用绩效考核结果

科学运用绩效考核结果要求企业创造公平公正的氛围以将考核结果与薪酬及奖金的分配、职务调整、培训与再教育、员工职业生涯规划等挂钩。企业国际化面临新的内外环境，客观上也给真正的人才创造了很多机遇，使得有真才实学的员工有机会脱颖而出，企业科学合理地运用绩效考核结果，能让员工感受企业公平公正的氛围，增强对企业的贡献意识和归属感。

3. 加强问责

激励机制的设置首先应该确保各个层级的个体明确其职责，明确管理层向董事会负责，员工向管理层负责。在企业决策执行过程中，各个层级的个体是否能切实履行职责很大程度上受到企业奖惩机制的影响，董事会和管理层不仅应该在企业的各个层级建立包括物质和非物质方面的奖励机制，也应该在各层级个体不能明确履行其职责时加强问责，以增强员工的责任感。

4. 合理设置人力资源退出机制

建立人力资源退出机制是国际化企业实现企业发展战略的必然要求。因为企业发展战略的变化，很可能导致一些员工由于无法适应国际化后的企业需求而退出企业。实施人力资源退出机制，可以保证国际化企业人力资源团队的精干、高效和富有活力。

三、国际化企业激励制度设计：以跨国公司为例

1. 跨国公司境外子公司高管人员激励

为了灵活应对跨国公司中子公司东道国的环境变化，跨国公司的境外子公司管理层往往拥有较大的决策权，对于母公司及其股东来说，更应该采用有效的激励措施以保证境外子公司管理层的决策及子公司的运行符合企业集团战略目标以减少代理问题。从这个意义上说，境外子公司高管人员对实现企业国际化发展战略尤其重要，甚至直接决定着国际化成败。因此，对于跨国公司来说，激励制度的重中之重是激励境外子公司高管人员以使其能够在满足自身利益前提下，按照国际化战略目标最大化企业集团利益。

通常，企业的激励方式有多种，有物质的和非物质的，有现金的和非现金的等等，不同的激励方式会达到不同的激励效果。就跨国公司而言，由于国际化是一个长期过程，成败与否需要以国际化后 3 ~ 5 年甚至更多年的绩效证明之，因此，跨国公司对境外子公司高管人员的激励宜采用长期激励政策，而股权激励是实践中常用且被众多学者认为有效的激励方式。最有代表性的文献伯利和米恩斯（Berle & Means，1932）及詹森和麦克林（Jensen & Meckling，1976）认为股权激励使高管人员

与股东利益一致，激励高管人员提升公司业绩。另外，史密斯和瓦特（Smith & Watts，1982）、德肖和斯隆（Dechow & Sloan，1991）、墨菲和齐默曼（Murphy & Zimmerman，1993）研究发现，通过股权激励形式激励临近退休的高管人员，能将其利益与公司长远的利益相结合，避免短视野问题。尽管史密斯和瓦特、德肖和斯隆、墨菲和齐默曼研究的是临近退休高管人员的问题，事实上研究成果适用于所有高管人员，作为职业经理人的高管人员往往考虑企业的短期利益或者说是考虑其任期目标，不会过多考虑企业长远利益，同样需要授予其长远激励措施才能消除外部性，避免高管人员为了追求其任期目标而损害企业长期利益。

股权激励通过公司股票对企业董事、高级管理人员、核心员工等进行长期激励，可以激励董事、高级管理人员、核心员工与企业利润共享、风险共担，使其能与股东利益保持一致，按照企业价值最大化的原则经营公司，减少代理问题。因此跨国公司母公司运用股权激励措施激励境外子公司高管人员，有助于境外子公司高管人员将自身利益与集团企业目标及其长远利益相结合，减少代理问题，提高企业国际化经营效率。

2. 跨国公司境外子公司知识型员工激励

美国著名管理学家彼得·德鲁克较早提出了知识型员工的概念，他认为知识型员工"是指那些可以充分利用先进的科学技术知识来提高工作效率，并且具备较强的学习和创新能力的人"。知识型员工往往具有较强的学习创造能力和较高的个人素质、明显的独立自主意识和自我管理倾向并拥有强烈的自我实现需求。跨国公司参与国际市场竞争，企业的国际竞争力很大程度受其创新能力的影响，而知识型员工是跨国公司创新能力的人才保障。因此设计跨国公司激励机制的核心是要有效激励知识型员工，以最大限度地挖掘知识型员工的潜力，使其在企业国际化战略中发挥最大的积极性、创造性。由于知识型员工的特点，因此在对知识型员工进行激励时，不能仅仅考虑以薪酬激励，而应该采用薪酬激励和个人成就与发展相结合的综合激励模式。另外，根据企业国际化的长期性，在对知识型员工激励的时间效应上，应将短期激励和长期激励相结合，注重激励手段对知识型员工的长期正效应，以使其在企业国际化过程中发挥长期稳定作用。

第三节　合理设计国际化企业监督制度

企业为了控制国际化风险并提升绩效，需要通过激励手段激励代理人，使其能够在满足自身利益的前提下，最大化委托人利益。但在激励的同时，必须要设计监督程序，在不对称信息情况下，委托人加强对代理人的监督，可以在一定程度上减少信息不对称，提高代理人的努力程度从而提升企业绩效。

一、建立国际化企业的监督基础

1. 加强高管人员的风险意识和重视监督的意识

国际化企业的高管人员尤其需要具备风险意识，风险意识决定着风险防范的理念，并进一步决定其对监督的态度。在国家大力发展"走出去"战略、企业通过"走出去"实现国际化经营的背景下，有些企业负责人把"走出去"作为政绩，认为"走出去"了就是成功。实际上，从企业经营的角度来考虑，"走出去"只是国际化的起点，如果"走出去"不能实现企业绩效的提升，不能实现技术、市场、品牌、质量等的升级，反而带来损失则不如不"走出去"。企业高层对风险控制的重视要通过口头、书面、行动示范等向企业境内外全体员工传递，从而在企业上下形成重视风险控制、加强监督的氛围。

2. 设置监督部门并明确监督责任

为使国际化企业有效监督代理人的行动，需要专门设置监督部门履行监督职责，并合理界定董事会、管理层和监督者的职责权限。

董事会对监督程序负最终责任，国际化企业应该设立持续监督部门—内部审计部门以负责日常监督流程的执行，董事会下设审计委员会，负责领导企业的内部审计部门。内部审计部门定期或不定期地对境外子公司的工作进行审计，以监督高风险领域的业务活动以及管理层职责的履行情况。管理层对企业的风险管理负责，国际化企业应专门设置风险管理部门，对企业国际化经营所面临的境内外风险做动态评估并针对重大风险提出应对方案报管理层及董事会审批。

从内部审计资源配置以及内部审计机构的设置看，企业国际化后审计监督权有集中审计和分散审计两种方式，集权型企业应采用集中审计方式，由直接隶属母公司董事会的内部审计机构，对包括境外子公司在内的子公司进行审计监督，各子公司原则上不再设置内部审计机构。分权型企业采用分散审计方式，分散审计方式下各子公司分别设置内部审计机构，对各自的审计工作负责，集团母公司对子公司的审计工作进行业务指导，并开展不定期的专项审计工作。国际化初期是企业处于较高风险时期，对境外非上市子公司（包括全资子公司、绝对控股子公司和相对控股子公司）的审计监督应采用集中审计方式，对上市子公司为了维持其治理结构的完整性和公众形象，可以采用分散审计方式，但是其内部审计部门应直接隶属于母公司内部审计部。母公司内部审计部门应定期或不定期地对该子公司进行审计，或聘请独立的会计师事务所对其实施单独评价以保证监督效果。

二、完善国际化企业监督程序

1. 风险排序

在设计国际化企业监督程序之前需要根据风险评估的结果对国际化风险排序。根据发生概率高低和损失大小，风险分为重大风险、较重大风险和一般风险。风险发生概率高且可能造成的损失偏大的是重大风险，风险发生概率高或可能造成的损失偏大的是较重大风险，风险发生概率低且可能造成的损失不大的是一般风险。在区分国际化经营风险种类后，根据风险种类的不同确定监督程序的类型、时间和范围。

国际化企业往往因国际化而可能对企业战略和业务目标的达成造成实质性影响的内部和外部变化，例如，法规和经济环境的变化、企业快速成长、新技术的引入、管理层及其他人事变动、跨境并购带来的文化冲击等等。而且国际化初期往往投入高额初始资本，一旦对内外部变化应对不当很容易给企业带来巨大损失，所以国际化企业应该重视各类风险，尤其该重视境外经营风险，将其列为重大风险，予以重点关注。

2. 设计并执行监督程序

设计监督程序首先要识别国际化风险的关键控制点，关键控制点的识别离不开风险类别，能够防范重大风险的控制点必然是关键控制点，用来防范较重大风险的控制点为次关键控制点，防范一般风险的控制点为一般控制点。监督人员应重点监督关键控制点，针对关键控制点设计程序以收集其是否能有效防范风险的证据。设计的程序可以采用检查、观察、询问、穿行测试和重新执行等方法，收集有说服力的信息证明关键控制点是否存在，是否得到有效执行。在设计监督程序时，应特别关注境外分支机构，母公司董事会应该定期或不定期地派具有较高专业胜任能力的内部审计人员对境外机构的经营情况进行监督。

企业的监督包括持续监督、独立评价以及两者的结合，持续监督存在于企业管理活动过程之中，它实时地、动态地应对企业变化的情况，并植根于企业之中，平时主要应该由内部审计部门完成。

独立评价是对子公司的经营情况进行的评估活动，母公司对子公司独立评价的范围和频率，取决于企业对风险的评估结果。国际化初期，企业面临较多的重大风险或较重大风险，则可能需要对企业的经营活动进行较多次的全面评价。尤其对境外分支机构，至少应每半年由母公司内部审计部实施一次独立评价，每年聘请东道国的注册会计师完成一次全面评价。独立评价时重点关注东道国政治、经济、法律环境对境外子公司的影响以及境外子公司的经营状况等可能产生的风险。

三、及时评估和报告监督结果

对境外子公司执行监督程序后，应及时评估并报告监督结果。不同影响程度的经营环节风险应该以书面的形式向不同级别的管理层报告，必要情况下就国际化后企业存在的重大风险应该直接向董事会报告。由境外子公司内部审计部门执行的监督，应该及时将日常监督结果和独立评价结果报告母公司，由母公司内部审计部门负责人分析其监督结果，评价结果的可靠性。对于认定的重大风险，及时采取应对策略，切实将风险控制在可承受范围之内，并追究有关部门或相关人员的责任。

第四节　合理设计国际化企业信息传递制度

无论在国际化前还是国际化后，信息资源都是企业成功实现国际化经营战略的重要因素，企业在制定国际化发展战略及国际化经营过程中需要各种各样的信息，只有广泛收集决策所需要的信息，才能合理保证国际化决策的正确性。国际化经营后的企业尤其需要合理有效的内部信息传递制度。对于国际化经营企业来说，内部信息传递是企业境内外各管理层级尤其是境外子公司高管人员和母公司之间通过各种形式传递信息的过程。在企业内部有效率地传递信息，对贯彻落实企业国际化发展战略、识别企业生产经营活动中的内外部风险、提高企业国际化经营绩效具有重要作用。

一、信息的含义及其传递要求

1. 信息的含义

自 1928 年哈特利（Hartly）首次将"信息"作为专业术语使用以来，学者们从不同角度界定信息，哈特利认为信息中存在新的内容和知识，这使其与消息产生区别。正因如此，信息的用途在于消除不确定的和随机的事物（C. E. Shannon，1948）。信息经济学则认为信息是信息传递过程中的知识差[①]，这种知识差体现了信息的价值。上述定义从不同角度描述了信息的实质、作用及其价值并指出了信息通过传递与交换体现其价值，也就是说，信息的传递和交换非常重要，尤其对于国际化经营企业，由于地理空间的扩大，母公司与境外子公司处于两个国家（地区），信息不对称现象比非国际化企业更为严重，这使国际化企业的信息传递尤为重要，所以在制定治理制度时需重点考虑。

信息具有非物质性、高共享性、高时效性、高附加值性和高风险性。信息的非物质性是指其价值附着和体现于物质载体之上，信息不能脱离物质载体单独存在。因此，就企业内部信息传递而言，各级部门需

---

① 陈禹. 信息经济学教程 ［M］. 北京：清华大学出版社，1998.

要编制内部报告这一信息载体传递信息。信息具有高共享性，在信息交换过程中，信息的持有者不会因为传递信息而失去信息，信息资源可被反复交换和使用，这导致信息存在被泄密的可能性。信息比其他任何资源都更具时效性，应尽可能在合适时点进行信息开发和利用。若信息不能及时利用，会导致价值连城的信息变成一文不值。因此企业应该设置合适的信息传递机制，使内部信息能及时传递。信息的高附加值性是指信息能实现价值增值的特性。相比实物资产，信息主要是脑力劳动等无形消耗形成的，它是可以被反复利用的，且信息成本与其使用次数呈反比，企业的利用信息或交换信息的次数越多，其单次信息成本越低，信息增值的可能性就越大。但是信息通过传递和交换过程体现其价值，信息的高附加值导致其在传递过程中发生泄密的可能性大大提高，因此信息传递和交换的低成本与信息的高附加值导致信息具有高风险，防止信息泄密管理是信息管理的重要组成部分。

上述信息的特征说明信息的价值与信息传递和交换的效率密不可分。国际化企业应根据国际化后的企业特点不断完善内部信息传递制度，提高信息传递与交换效率，才能提高信息价值及其预期创造力。

2. 信息传递要求

为了科学地对包括国际化经营在内的企业生产经营活动进行决策，决策者需要从各种渠道获取相应信息。企业内部信息有的来自一线员工，有的来自各级管理人员，他们在实际工作过程中收集各类信息，将之以内部报告的形式呈交各级管理人员。根据信息所具有的非物质性、高共享性、高时效性、高附加值性和高风险性特征，企业收集和传递内部信息应遵循以下要求：（1）信息的真实性。真实性是信息的基本要求，虚假或不准确的信息将误导信息使用者；（2）信息的及时性。信息具有时效性，如果信息未能得到及时提供，或者不能及时利用有用信息，都可能导致企业因为决策不及时而使经营风险增加；（3）信息的相关性。信息的作用是满足决策者的决策需求，如果提供者提供的信息不具有决策相关性，将大大增加决策难度，降低信息价值；（4）保密。企业内部信息往往包含企业关于财务状况、运营情况、技术水平等重大事项的数据，甚至会涉及企业的商业秘密，因此在信息内部传递过程中获悉这些信息的知情者应承担保密责任，不得泄露这些信息为自己或他人谋取利益，否则极有可能使企业造成重大损失。

二、国际化企业信息传递的主要风险

跨国公司更需要及时掌握有关境外子公司的市场状况、竞争情况、政策变化及环境变化的信息，以保证企业国际化发展战略的顺利实施。地域的限制使得母公司更加依赖境外子公司收集和传递的关于东道国环境变化信息，因此如果信息收集和传递过程中不符合传递要求，则会大大降低跨国公司决策的科学性。

1. 收集的信息散乱且重点不突出

国际化企业收集的信息包括企业外部信息和内部信息。以跨国集团公司为例，母公司需要境外子公司收集东道国相关经济、政治、行业环境等信息，同时也需要境外子公司及时传递其经营情况等相关信息，境外子公司应当广泛收集、整理内外部信息及时向母公司传递。但是互联网技术的发展使得我们生活在"信息爆炸"时代，各种信息数不胜数，海量信息容易导致境外子公司向母公司传递的内外部信息散乱，无法突出重点，容易导致决策失误。

2. 内部报告编制不符合要求

内部报告是国际化企业内部信息传递的载体。仍以跨国集团公司为例，境外子公司在筛选所收集的内外部信息基础上，根据母公司的决策需求以内部报告的形式提供其决策所需要的信息。

3. 内部报告传递不规范

严密且高效的内部报告传递流程是企业充分利用信息的前提，跨国企业母公司和境外子公司均应当指定专人负责传递内部报告，责任到人。境外子公司重要信息及时传递给母公司董事会、监事会和经理层。跨国企业集团内部报告传递不规范包括：第一，由于地域限制导致母公司与境外子公司内部报告流转不及时，也就是说，境外子公司可能缺乏内部报告传递流程使得信息不能及时传递到母公司；第二，内部报告未按传递流程进行传递流转，让一些非必须的人知道内部报告，从而增加内部信息保密工作的难度。

三、国际化企业信息传递制度设计

1. 境外子公司根据母公司信息需求收集信息

为了防范信息收集环节的风险，国际化企业尤其是跨国集团公司应当完善境外子公司内外部重要信息的收集机制和传递机制，以及时获得并向母公司呈报重要信息。

在收集信息时，信息收集者需要知道信息的特定服务对象，这样才能收集能满足特定服务对象需求的信息。比如境外子公司销售部门员工收集企业不同产品在该子公司东道国的销售信息，目的是为企业的产品生产决策提供信息。这种信息收集者针对信息使用者需求收集的信息，能提高信息的决策有用性。所以在信息收集环节，作为信息收集者的境外子公司应针对母公司的信息需求，收集其重点关注的信息类型和内容，并根据母公司的需求对信息进行审核和鉴别以提供更清晰可理解的信息。

2. 建立内部报告指标体系、编制内部报告以传递信息

为了使国际化企业的内部报告能更好地传递信息，可以考虑根据企业国际化发展战略、风险控制要求、各管理层尤其是母公司对信息的需求建立跨国企业内部报告指标体系，并根据母公司对信息详略程度的要求不同，将内部报告指标体系层层分解使作为信息收集者的境外子公司各责任中心及其各相关职能部门对指标体系有充分了解，以利于编制的内部报告能满足母公司国际化战略决策。

因此，作为内部报告的编制单位的境外子公司应紧紧围绕母公司的信息需求，以内部报告指标体系为基础，编制内容全面、重点突出的内部报告，并设计科学的内部报告编制程序，保证内部报告及时传递给母公司以便于母公司及时掌握东道国相关信息并利用它进行正确决策。

3. 国际化企业信息传递

境外子公司应根据信息的重要性确定不同的信息传递环节，完善传递制度。对于重要紧急的信息，可以直接向母公司董事会、监事会或经理层报告，便于母公司相关负责人迅速做出决策。比如当境外子公司的经营环境发生重大变化，该由子公司负责人直接向母公司董事会报告以提高决策效率。在内部信息传递过程中，国际化企业应通过职责分离、授权接触、监督和检查等手段建立相关传递控制制度，进一步完善保密机制，防止内部信息在传递过程中泄密。

4. 国际化企业信息的使用

无论是否国际化经营，企业都应当在生产经营管理决策、预算控制和业绩考核时充分使用信息。对于国际化企业而言，尽可能利用内部报告的信息分析全球范围内的采购、生产、销售、投资、筹资等业务，有利于降低各类成本提高企业绩效。同时利用内部报告信息对境外子公司进行预算控制、绩效考评和责任追究。另外，从风险的角度考虑，国际化经营使得内部信息的有效使用尤为重要，因为国际化经营加大了企业的风险。母公司更需要通过内部报告提供的信息对企业国际化过程中存在的各种风险进行评估并采取措施及时正确应对。

参 考 文 献

[1] 财政部会计司.《企业内部控制应用指引》解读之17：内部信息传递 [J]. 国际商务财会，2010 (9)：17 – 20.

[2] 陈立敏. 国际化战略与企业绩效关系的争议——国际研究评述 [J]. 南开管理评论，2014，17 (5)：112 – 125，160.

[3] 陈立敏，刘静雅，张世蕾. 模仿同构对企业国际化—绩效关系的影响——基于制度理论正当性视角的实证研究 [J]. 中国工业经济，2016 (9)：127 – 143.

[4] 陈立敏，王小琅. 国际化与绩效提升：基于 Meta 整合与 Meta 回归两种方法的研究 [J]. 世界经济，2017，40 (2)：101 – 126.

[5] 陈怀超，范建红. 制度距离、中国跨国公司进入战略与国际化绩效：基于组织合法性视角 [J]. 南开经济研究，2014 (2)：99 – 117.

[6] 陈明森，陈爱贞，张文刚. 升级预期、决策偏好与产业垂直升级——基于我国制造业上市公司实证分析 [J]. 中国工业经济，2012 (2)：26 – 36.

[7] 陈仕华，郑文全. 公司治理理论的最新进展：一个新的分析框架 [J]. 管理世界，2010 (2)：156 – 166.

[8] 陈岩，蒋亦伟，王锐. 产品多元化战略、企业资源异质性与国际化绩效：对中国 2008 ~ 2011 年制造业上市公司的经验检验 [J]. 管理评论，2014，26 (12)：131 – 141.

［9］陈禹．信息经济学教程［M］．北京：清华大学出版社，1998．

［10］程惠芳．浙江省146家工业龙头企业转型升级监测评价报告．2009．

［11］程惠芳，唐辉亮，陈超．开放条件下中国经济转型升级动态能力报告［M］．北京：科学出版社．2012．

［12］程惠芳，唐辉亮，陈超，等．开放条件下区域经济转型升级综合能力评价研究——中国31个省市转型升级评价指标体系分析［J］．管理世界，2011（8）：173－174．

［13］程虹，刘三江，罗连发．中国企业转型升级的基本状况与路径选择——基于570家企业4794名员工入企调查数据的分析［J］．管理世界，2016（2）：57－70．

［14］崔影慧，魏娟．中国企业国际化程度评价指标体系的构建［J］．统计与决策，2007（11）：70－71．

［15］邓新明，熊会兵，李剑峰，侯俊东，吴锦峰．政治关联、国际化战略与企业价值——来自中国民营上市公司面板数据的分析［J］．南开管理评论，2014，17（1）：26－43．

［16］段文娟，聂鸣，张雄．全球价值链下产业集群升级的风险研究［J］．科技进步与对策，2007（11）：154－158．

［17］龚三乐．全球价值链内企业升级国外研究进展与趋势［J］．世界地理研究，2010，19（1）：71－78．

［18］胡再勇，林桂军．国家经济安全：OECD的治理架构、政策措施及启示［J］．国际经济合作，2014（12）：10－16．

［19］黄万阳．汇率对中国对韩直接投资影响的实证研究［J］．辽宁工程技术大学学报（社会科学版），2007（1）：21－23．

［20］蒋冠宏，蒋殿春．中国对发展中国家的投资——东道国制度重要吗？［J］．管理世界，2012（11）：45－56．

［21］姜华欣．国有企业对外直接投资面临的国际环境与主要风险

［J］．调研世界，2013（5）：21－24．

　　［22］金鑫，雷光勇，王文．国际化经营、机构投资者与股价同步性［J］．科学决策，2011（8）：1－21．

　　［23］雷新途．企业集团财务冲突、治理与财权配置研究［M］．北京：清华大学出版社．2015．

　　［24］雷新途．不完备财务契约缔结和履行机制研究［M］．北京：经济科学出版社，2009，4．

　　［25］雷新途，李世辉．不完备契约与财务目标的状态依存及其边际修正［J］．会计研究，2007（4）：47－53，95．

　　［26］雷新途．后现代资本结构理论的形成与发展：契约理论视角［J］．经济与管理研究，2007（6）：5－10．

　　［27］李猛，于津平．东道国区位优势与中国对外直接投资的相关性研究——基于动态面板数据广义矩估计分析［J］．世界经济研究，2011（6）：63－67，74，89．

　　［28］李巍，席小涛．高管人员团队国际化经验对民营企业国际化绩效的影响研究——关键战略因素的中介效应［J］．预测，2013，32（4）：1－7．

　　［29］李维安，李元祯．上市公司治理新趋势［J］．中国金融，2017（10）：64－66．

　　［30］李维安，邱艾超，古志辉．双重公司治理环境、政治联系偏好与公司绩效——基于中国民营上市公司治理转型的研究［J］．中国工业经济，2010（6）：85－95．

　　［31］李维安，刘绪光，陈靖涵．经理才能、公司治理与契约参照点——中国上市公司高管人员薪酬决定因素的理论与实证分析［J］．南开管理评论，2010，13（2）：4－15．

　　［32］李维安，孙林．高管人员薪酬与公司业绩：2009～2012年A股上市公司检验［J］．改革，2014（5）：139－147．

[33] 李维安，刘振杰，顾亮. 董事会异质性、断裂带与跨国并购 [J]. 管理科学，2014，27（4）：1-11.

[34] 李维安. 公司外部治理：从"演习"到"实战" [J]. 南开管理评论，2016，19（2）.

[35] 李维安，邱艾超，牛建波，徐业坤. 公司治理研究的新进展：国际趋势与中国模式 [J]. 南开管理评论，2010，13（6）：13-24，49.

[36] 南开大学公司治理研究中心公司治理评价课题组. 中国上市公司治理指数与公司绩效的实证分析——基于中国1149家上市公司的研究 [J]. 管理世界，2006（3）：104-113.

[37] 李友田，李润国，翟玉胜，等. 中国能源型企业海外投资的非经济风险问题研究 [J]. 管理世界，2013（5）：1-11.

[38] 林桂军，周婷. 我国出口企业重要技能的识别及其排序 [J]. 国际贸易问题，2007（10）：3-10，17.

[39] 林桂军，何武. 中国装备制造业在全球价值链的地位及升级趋势 [J]. 国际贸易问题，2015（4）：3-15.

[40] 林素燕. 谈"走出去"企业转型升级风险控制 [J]. 特区经济，2012（6）：269-271.

[41] 林素燕. 浙江省服务贸易竞争力研究 [J]. 华东经济管理，2013，27（7）：16-19.

[42] 林素燕，唐锋. 国际化·内部控制·风险管理——基于浙江省企业数据的分析 [J]. 经营与管理，2015（11）：56-59.

[43] 鲁桐. WTO与中国企业国际化 [M]. 北京：中共中央党校出版社，2000.

[44] 鲁桐，李朝明. 温州民营企业国际化 [J]. 世界经济，2003（5）：55-63.

[45] 鲁桐. 《G20/OECD公司治理原则》（2015）修订内容及其

影响 [J]. 国际经济评论, 2016 (6): 134 - 145, 8.

[46] 鲁桐, 党印. 改善国有企业公司治理: 国际经验及其启示 [J]. 国际经济评论, 2015 (4): 134 - 149, 8.

[47] 鲁桐, 党印. 公司治理与技术创新: 分行业比较 [J]. 经济研究, 2014, 49 (6): 115 - 128.

[48] 卢进勇, 闫实强. 境外直接投资行业分布: 特点、演变和趋势 [J]. 国际经济合作, 2011 (6): 22 - 26.

[49] 吕景胜. 企业海外投资新型风险类型及其防范 [J]. 中国软科学, 2012 (8): 185 - 192.

[50] 毛蕴诗, 张伟涛, 魏姝羽. 企业转型升级: 中国管理研究的前沿领域——基于 SSCI 和 CSSCI (2002 ~ 2013 年) 的文献研究 [J]. 学术研究, 2015 (1): 72 - 82, 159 - 160.

[51] 毛蕴诗, 汪建成. 基于产品升级的自主创新路径研究 [J]. 管理世界, 2006 (5): 114 - 120.

[52] 毛蕴诗, 姜岳新, 莫伟杰. 制度环境、企业能力与 OEM 企业升级战略——东菱凯琴与佳士科技的比较案例研究 [J]. 管理世界, 2009 (6): 135 - 145, 157.

[53] 毛蕴诗, 吴瑶. 企业升级路径与分析模式研究 [J]. 中山大学学报 (社会科学版), 2009, 49 (1): 178 - 186.

[54] 梅丽霞, 柏遵华, 聂鸣. 试论地方产业集群的升级 [J]. 科研管理, 2005 (5): 147 - 151.

[55] 梅述恩, 聂鸣. 嵌入全球价值链的企业集群升级路径研究——以晋江鞋企业集群为例 [J]. 科研管理, 2007 (4): 30 - 35.

[56] 聂名华. 中国企业对外直接投资风险分析 [J]. 经济管理, 2009, 31 (8): 52 - 56.

[57] 潘镇, 金中坤. 双边政治关系、东道国制度风险与中国对外直接投资 [J]. 财贸经济, 2015 (6): 85 - 97.

［58］邱立成，赵成真．制度环境差异、对外直接投资与风险防范：中国例证［J］．国际贸易问题，2012（12）：112－122.

［59］任海云．公司治理对 R&D 投入与企业绩效关系调节效应研究［J］．管理科学，2011，24（5）：37－47.

［60］唐海燕，程新章．企业升级的路径选择——以温州打火机企业为例［J］．科技管理研究 2006（12）：113.

［61］唐松，孙铮．政治关联、高管人员薪酬与企业未来经营绩效［J］．管理世界，2014（5）：93－105，187－188.

［62］汪戎，谢彦明，纳鹏杰．效率调节视角的企业国际化程度与绩效关系研究［J］．软科学，2016，30（6）：75－78.

［63］王福胜，孙妮娜，王虹妹．中国上市公司国际化程度与经营绩效关系的实证研究［J］．哈尔滨工业大学学报（社会科学版），2009，11（1）：115－122.

［64］王凤彬，杨阳．跨国企业对外直接投资行为的分化与整合——基于上市公司市场价值的实证研究［J］．管理世界，2013（3）：148－171.

［65］王国顺，胡莎．企业国际化与经营绩效：中国制造业上市公司的实证研究［J］．系统工程，2006（12）：80－83.

［66］王国顺，郑准．企业国际化研究的基本问题：理论演进视角［J］．中南大学学报（社会科学版），2008（1）：5－10.

［67］王新，李彦霖，毛洪涛．企业国际化经营、股价信息含量与股权激励有效性［J］．会计研究，2014（11）：46－53，97.

［68］王跃堂，赵子夜，魏晓雁．董事会的独立性是否影响公司绩效？［J］．经济研究，2006（5）：62－73.

［69］魏刚．高级管理层激励与上市公司经营绩效［J］．经济研究，2000（3）：32－39，64－80.

［70］吴航．企业国际化、动态能力与创新绩效关系研究［D］．杭州：浙江大学，2014.

[71] 夏良科. 汇率、汇率制度与对外直接投资——基于广义脉冲响应函数法的国际比较 [J]. 上海经济研究, 2012, 24 (10): 25 - 36.

[72] 许晖, 邹慧敏, 王鸿义. 基于多重组织结构分析的国际化战略绩效评价——天士力集团国际化组织的案例研究 [J]. 管理世界, 2009 (S1): 48 - 55, 131.

[73] 许晖, 李硕. 我国高新技术企业国际化经营中的风险管理研究 [J]. 国际贸易问题, 2009 (2): 78 - 86.

[74] 许晖, 邹慧敏. 基于股权结构的跨国经营中关键风险识别、测度与治理机制研究 [J]. 管理学报, 2009, 6 (5): 684 - 691.

[75] 许晖, 邹慧敏, 王建明. 跨国公司国际化经营战略转型背景下的风险分类识别——基于风险容忍区域定位的研究 [J]. 经济管理, 2009, 31 (9): 142 - 150.

[76] 许晖, 王琳, 张阳. 国际新创企业创业知识溢出及知识整合机制研究——基于天士力国际公司海外员工成长及企业国际化案例 [J]. 管理世界, 2015 (6): 141 - 153, 188.

[77] 宣烨, 孔群喜, 李思慧, 等. 加工配套企业升级模式及行动特征——基于企业动态能力的分析视角 [J]. 管理世界, 2011 (8): 102 - 114.

[78] 杨典. 公司治理与企业绩效——基于中国经验的社会学分析 [J]. 中国社会科学, 2013 (1): 72 - 94, 206.

[79] 杨桂菊. 代工企业转型升级: 演进路径的理论模型——基于3家本土企业的案例研究 [J]. 管理世界, 2010 (6): 132 - 142.

[80] 杨桂菊, 刘善海. 从 OEM 到 OBM: 战略创业视角的代工企业转型升级——基于比亚迪的探索性案例研究 [J]. 科学学研究, 2013, 31 (2): 240 - 249.

[81] 杨丽丽, 江心英, 赵进. 国际化与企业绩效的关系——以江苏制造业企业为例 [J]. 科技管理研究, 2011, 31 (1): 116 - 122, 126.

［82］杨丽丽，赵进．国际化程度与企业绩效关系实证研究综述［J］．外国经济与管理，2009，31（4）：15－21，36.

［83］杨瑞龙，杨其静．专用性、专有性与企业制度［J］．经济研究，2001（3）：3－11，93.

［84］杨一尘，余颖．企业国际化与经营绩效：基于制造业上市公司的实证研究［J］．上海管理科学，2008（4）：11－12.

［85］杨忠，张骁．企业国际化程度与绩效关系研究［J］．经济研究，2009，44（2）：32－42，67.

［86］杨忠智．跨国并购战略与对海外子公司内部控制［J］．管理世界，2011（1）：176－177.

［87］叶康涛，陆正飞，张志华．独立董事能否抑制大股东的"掏空"？［J］．经济研究，2007（4）：101－111.

［88］袁天荣，杨宝．企业海外并购整合风险机理：诱因、衍化与治理［J］．海南大学学报（人文社会科学版），2014，32（3）：91－97.

［89］赵昌文，许召元．国际金融危机以来中国企业转型升级的调查研究［J］．管理世界，2013（4）：8－15.

［90］钟昌标，刘伟．企业国际化与绩效关系：一个文献综述［J］．国际商务研究，2016，37（3）：87－96.

［91］郑准，王国顺．外部网络结构、知识获取与企业国际化绩效：基于广州制造企业的实证研究［J］．科学学研究，2009，27（8）：1206－1212.

［92］张先锋，杨新艳，陈亚．制度距离与出口学习效应［J］．世界经济研究，2016（11）：124－134，137.

［93］张天顶，邹强．行业技术差异、选择效应与我国制造业企业国际化［J］．世界经济研究，2016（11）：112－123，137.

［94］张为付．影响我国企业对外直接投资因素研究［J］．中国工业经济，2008（11）：130－140.

［95］张晓涛，陈国媚．国际化程度、OFDI 区位分布对企业绩效的影响研究——基于我国 A 股上市制造业企业的证据［J］．国际商务（对外经济贸易大学学报），2017（2）：72 - 85.

［96］张瑞君，徐展．跨国企业汇率风险控制的新途径——盈余管理［J］．现代财经（天津财经大学学报），2017，37（2）：82 - 100.

［97］赵伟．民营企业国际化：几个关键因素［J］．浙江经济，2006（21）：50 - 52.

［98］周霞，李飞飞．企业国际化能力测评体系构建［J］．科技管理研究，2009，29（5）：157 - 160.

［99］周建，于伟，刘小元．跨国企业公司治理研究回顾与展望［J］．外国经济与管理，2008（4）：1 - 8，16.

［100］周建，张双鹏．国际化程度与民营企业公司治理结构［J］．经济与管理研究，2016，37（1）：96 - 105.

［101］ Adams R. B.，Hermalin B. E.，Weisbach M. S. The Role of Boards of Directors in Corporate Governance：A Conceptual Framework and Survey［J］．Journal of Economic Literature，2010，48（1）：58 - 107.

［102］ Alchian A. A. & Demsetz H. Production，Information Costs，and Economic Organization［J］．American Economic Review，1972（62）：777 - 795.

［103］ Amsden A. H. Asia's Next Giant：How Korea Competes in the World Economy［J］．Technology Review，1989，92（4）：46 - 53.

［104］ Annavarjula M. & Beldona S. Multinationality-performance Relationship：A Review and Reconceptualization［J］．International Journal of Organizational Analysis，2000，8（1）：48 - 67.

［105］ Armstrong C. Ittner C. D. Larcker D. F. Economic Characteristics，Corporate Governance，and the Influence of Compensation Consultants on Executive Pay Levels. Social Science Electronic Publishing，2008.

［106］Bausch A. and Krist M. The Effect of Context-related Moderators on the Internationalization Performance Relationship: Evidence from Meta – Analysis ［J］. Management International Review, 2007, 47 （3）: 319 – 347.

［107］Bhagat S. , Black B. The Uncertain Relationship between Board Composition and Firm Performance ［J］. Business Lawyer, 1999, 54 （3）: 921 – 963.

［108］Blonigen B. A. A Review of the Empirical Literature on FDI Determinants ［J］. Atlantic Economic Journal, 2005, 33 （4）: 383 – 403.

［109］Boddewyn J. J. , Brewer T. L. International – Business Political Behavior: New Theoretical Directions ［J］. Academy of Management Review, 1994, 19 （1）: 119 – 143.

［110］Bouquet C. , Morrison A. and Birkinshaw J. International Attention and Multinational Enterprise Performance ［J］. Journal of International Business Studies, 2009, 40 （1）: 108 – 131.

［111］Brock D. and Yaffe T. International Diversification and Performance: The Mediating Role of Implementation ［J］. International Business Review, 2008, 17 （5）: 600 – 615.

［112］Bies S. S. Current Issues in Corporate Governance-effective Risk Management Vital Speeches of the Day ［C］. 2004: 4 – 26.

［113］Brainard S. L. An Empirical Assessment of the Proximity – Concentration Trade-off between Multinational Sales and Trade ［J］. American Economic Review, 1997, 87 （4）: 520 – 544.

［114］Brouthers K. D. , Brouthers L. E. Why Service and Manufacturing Entry Mode Choices Differ: The Influence of Transaction Cost Factors, Risk and Trust ［J］. Journal of Management Studies, 2003, 40 （5）: 1179 – 1204.

［115］ Buckley P. J. , et al. The Determinants of Chinese Outward Foreign Direct Investment ［J］. Journal of International Business Studies, 2007, 38 (4).

［116］ Carlson S. How Foreign is Foreign Trade? A Problem in International Business Research. Working Paper, the University of Uppsala, 1975.

［117］ Chidambaran N. K. , Kedia S. , Prabhala Na. R. CEO – Director Connections and Corporate Fraud. Fordham University Schools of Business Research Paper No. 2010 – 009, 2010. Available at SSRN: http: //ssrn. com/ abstract = 1681472.

［118］ Choi Y. , Jeon Y. S. , Lee J. H. , Choi B. , Moon S. H. Multilocus Sequence Typing Analysis of Shigella Flexneri Isolates Collected in Asian Countries ［J］. Journal of Medical Microbiology, 2007, 56 (11): 1460 – 6.

［119］ Choi J. J. , Bang N. J. Financial factors in foreign direct investments: A dynamic analysis of international data ［J］. Research in International Business & Finance, 2007, 21 (1): 1 – 18.

［120］ Claessens S. , Djankov S. , Lang L. H. P. The Separation of Ownership and Control in East Asian Corporations ［J］. Journal of Financial Economics, 2000, 58 (1 – 2): 81 – 112.

［121］ Claessens S. , Fan J. P. H. , Djankov S. , Lang L. H. P. On Expropriation of Minority Shareholders: Evidence from East Asia. Working paper, 1999. Available at SSRN: http: //ssrn. com/abstract = 202390.

［122］ Claessens S. , Feijen E. , Laeven L. Political Connections and Preferential Access to Finance: The Role of Campaign Contributions ［J］. Journal of Financial Economics, 2008, 88 (3): 554 – 580.

［123］ Coles J. L. , Daniel N. D. , Naveen L. Boards: Does One Size Fit All ［J］. Journal of Financial Economics, 2008, 87 (2): 329 – 356.

［124］Conconi P. , Sapir A. , Zanardi M. The Internationalization Process of Firms: From Exports to FDI ［J］. Journal of International Economics, 2016, 99 (1): 16 - 30.

［125］Contractor F. J. , Kundu S. K. , Hsu C. C. A Three-stage Theory of International Expansion: The Link between Multinationality and Performance in the Service Sector ［J］. Journal of International Business Studies, 2003, 34 (1).

［126］Contractor F. J. , Kumar V. , Kundu S. K. Nature of the Relationship between International Expansion and Performance: The Case of Emerging Market Firms ［J］. Journal of World Business, 2007, 42 (4).

［127］Daniels J. D. Bracker J. Profit Performance: Do Foreign Operations Make a Difference? ［J］. Management International Review, 1989, 29 (1): 46 - 56.

［128］Delios A. Beamish P. W. Ownership Strategy of Japanese Firms: Transactional, Institutional, and Experience Influences ［J］. Strategic Management Journal, 1999, 20 (10): 915 - 933.

［129］Denis D. J. , Denis D. K. , Yost K. Global Diversification, Industrial Diversification, and Firm Value ［J］. The Journal of Finance, 2002, 57 (5): 1951 - 1979.

［130］Denis D. K. , McConnell J. J. International Corporate Governance ［J］. Journal of Financial and Quantitative Analysis, 2003, 38: 1 - 36.

［131］Douglas E. Thomas. International Diversification and Firm Performance in Mexican Firms: A Curvilinear Relationship? ［J］. Journal of Business Research, 2005, 59 (4).

［132］Dunning J. H. Explaining International Production ［M］. London: Unwin Hyman, 1988.

［133］Dunning J H. Trade, Location of Economic Activity and the

MNE: A Search for an Eclectic Approach [M]. The International Allocation of Economic Activity. Palgrave Macmillan UK, 1977: 203 – 205.

[134] Dunning J. H. International Production and the Multinational Enterprise [M]. Allen & Unwin, 1981.

[135] Ernst D. Global Production Networks in East Asia's Electronics Industry and Upgrading Perspectives in Malaysia [J]. Economics Study Area Working Papers, 2003: 149 – 162.

[136] Faccio M. , Lang L. H. P. The Ultimate Ownership of Western European Corporations [J]. Journal of Financial Economics, 2002, 65 (3): 365 – 395.

[137] Fama E. F. , Jensen M. C. Seperation of Ownership and Control [J]. Journal of Law & Economics, 1983.

[138] Fama E. F. Banking in the Theory of Finance [J]. Journal of Monetary Economics, 1980, 6 (1): 39 – 57.

[139] Fan J. P. H. , Wong T. J. , Zhang T. Organizational Structure as a Decentralization Device: Evidence from Corporate Pyramids. Social Science Electronic Publishing, 2007.

[140] Gereffi G. International Trade and Industrial Upgrading in the Apparel Commodity Chains [J]. Journal of International Economics, 1999 (48): 37 – 70.

[141] Philip G. , Mckeown I. Business Transformation and Organizational Culture: The Role of Competency, IS and TQM [J]. European Management Journal, 2004, 22 (6): 624 – 636.

[142] Gereffi G. International Trade and Industrial Upgrading in the Apparel Commodity Chains [J]. Journal of International Economics, 1999, (48): 37 – 70.

[143] Gereffi G. The New Offshoring of Jobs and Global Development:

An Overview of the Contemporary Global Labor Market. Migration Policy Institute, 2005.

［144］ Goldman E. Rocholl J. So J. Does Political Connectedness Affect Firm Value? ［J］. Ssrn Electronic Journal, 2006, 21 (4): 1607 – 1652.

［145］ Grant R. Multinationality and Performance among British Manufacturing Companies ［J］. Journal of International Business Studies, 1987, 18 (3): 79 – 89.

［146］ Goerzen A. , Beamish P. Geographic Scope and Multinational Enterprise Performance ［J］. Strategic Management Journal, 2003, 24 (13): 1289 – 1306.

［147］ Goldberg L. S. Kolstad C. D. Foreign Direct Investment, Exchange Rate Variability and Demand Uncertainty ［J］. International Economic Review, 1995, 36 (4): 855 – 873.

［148］ Grossman S. & Hart O. The Costs and Benefit of Ownership: A Theory of Lateral and Vertical Integration ［J］. Journal of Political Economy, 1986 (94): 691 – 719.

［149］ Grossman S. & Hart O. One-share-one-vote and the Market for Corporate Control ［J］. Journal of Financial Economics, 1988 (20): 175 – 202.

［150］ Grossman G. M. , Helpman E. Innovation and Growth in the Global Economy. Mit Press Books, 1991, 1 (2): 323 – 324.

［151］ Habib M. , Zurawicki L. Corruption and Foreign Direct Investment ［J］. Journal of International Business Studies, 2002, 33 (2): 291 – 307.

［152］ Hart O. L. , Firms, Contracts and Financial Structure. Oxford University Press, London, 1995.

［153］ Hart O. L. & Moore J. Property Rights and the Nature of the Firm

[J]. Journal of Political Economy, 1990 (98): 1119 – 1158.

[154] Heather Berry, Aseem Kaul. Replicating the Multinationality-performance Relationship: Is There an S – Curve? [J]. Strategic Management Journal, 2016, 37 (11).

[155] Heckerman D. Book Review: American Business Abroad: Six Lectures on Direct Investment. Charles P. Kindleberger [J]. Journal of Business, 1969, 42 (4).

[156] Helpman E. , Melitz M. J. , Yeaple S. R. Export versus FDI with Heterogeneous Firms. Scholarly Articles, 2004, 94 (1): 300 – 316.

[157] Henisz W. J. , Delios A. Uncertainty, Imitation, and Plant Location: Japanese Multinational Corporations, 1990 – 1996. Administrative Science Quarterly, 2001, 46 (3): 443 – 475.

[158] Hitt M. A. , Hoskisson R. E. , Kim H. International Diversification: Effects on Innovation and Firm Performance in Product – Diversified Firms. Academy of Management Journal, 1997, 40 (4): 767 – 798.

[159] Hitt M. A. et al. International Diversification: Antecedents, Outcomes and Moderators [J]. Journal of Management, 2006, 6 (32).

[160] HoDon Yan. Entrepreneurship, Competitive Strategies, and Transforming Firms from OEM to OBM in Taiwan [J]. Journal of Asia – Pacific Business, 2012, 13 (1): 16 – 36.

[161] Hofstede G. Cultural Dimensions in Management and Planning", Asia Pacific Journal of Management, 1984 (2): 81 – 99.

[162] Humphrey J. , Schmitz H. Chain Governance and Upgrading: Linking Industrial Cluster and Global Value Chain Research. IDS Working paper 120. Brighton: Institue of Development Studies, 2000.

[163] Humphrey J. & Schmitz H. Developing country firms in the world economy Governance and upgrading in global value chains [M]. Edward El-

gar Publishing, Inc, 2004.

[164] Hymer S. H. The International Operations of National Firms: A Study of Direct Investment [M]. Cambridge Mass: The MIT Press, 1976.

[165] Ivarsson I., Alvstam C. G. Local Technology Linkages and Supplier Upgrading in Global Value Chains: The Case of Swedish Engineering TNCs in Emerging Markets [J]. Competition & Change, 2009, 13 (4): 368 – 388.

[166] Jensen M. Meckling W. Theory of the Firm: Managerial Behavior, Agency Costs and Ownership Structure [J]. Journal of Financial Economics, 1976 (3): 305 – 360.

[167] Jensen M. Meckling W. H. Rights and Production Functions: An Application to Labor – Managed Firms and Codetermination [J]. Journal of Business, 1979, 52 (4): 469 – 506.

[168] Jerry Miccolis, Samir Shah. Creating Value through Enterprise Risk Management: A Practical Approach for the Insurance Industry [Z]. 2001: 3 – 10.

[169] Johanson J. & Vahlne J. E. The Internationalization Process of the Firm: A Model of Knowledge Development and Increasing Foreign Market Commitments. Journal of International Business Studies, 1977 (8): 23 – 32.

[170] Johanson J., Vahlne J. E. The Uppsala Internationalization Process Model Revisted: From Liability of Foreignness to Liability of Outsidership [J]. Journal of International Business Studies, 2009, 40 (9).

[171] Johanson J., Wiedersheim – Paul F. The Internationalization of the Firm—Four Swedish Cases [J]. Journal of Management Studies, 1975, 12 (3): 305 – 323.

[172] Johanson J., Vahlne J. E. International Marketing Review Emerald Article: The Mechanism of Internationalisation. International Marketing

Review Jeryl Whitelock International Marketing Review Journal of Small Business and Enterprise Development Catherine N. Axinn, Paul Matthyssens International Marketing Review, 1990, 7 (5): 342 - 347.

[173] John Humphrey and Hubert Schmitz. Governance in Global Value Chain Institute of Development Studies, University of Sussex, 2000, 9: 1 - 13.

[174] Jorion P. The Exchange - Rate Exposure of U. S. Multinationals. Journal of Business, 1990, 63 (3): 331 - 345.

[175] Kaplinsky R. Globalisation and Economic Insecurity [J]. IDS Bulletin, 2001, 32 (2).

[176] Kaplinsky R. , Readman J. Globalization and Upgrading: What Can (and cannot) be Learn from International Trade Statistics in the Wood Furniture Sector? Industrial & Corporate Change, 2005, 14 (14): 679 - 703.

[177] Kaplinsky R. , Morris M. , Readman J. The Globalization of Product Markets and Immiserizing Growth: Lessons from the South African Furniture Industry. World Development, 2004, 30 (7): 1159 - 1177.

[178] Karlsen T. , Silseth P. R. , Benito G. R. G. , Welch L. S. Knowledge, Internationalization of the Firm, and Inward-outward Connections. Industrial Marketing Management, 2003, 32 (5): 385 - 396.

[179] Kim H. , Hoskisson R. and Lee S. Why Strategic Factor Markets Matter: New Multinationals' Geographic Diversification and Firm Profitability. Strategic Management Journal, 2015, 36 (4): 518 - 536.

[180] Kim W. C. , Hwang P. , Burgers W. P. Multinationals' Diversification and the Risk - Return Trade - Off [J]. Strategic Management Journal, 1993, 14 (14): 275 - 286.

[181] Kindleberger C. P. Origins of United States Direct Investment in France [J]. Business History Review, 1974, 48 (3): 382 - 413.

［182］ Knight G. A. , Cavusgil S. T. The born global firm： A Challenge to Traditional Internationalization Theory ［C］. Advances in International Marketing，2010.

［183］ Kobrin S. J. , Buckley P. J. , Casson M. The Future of Multinational Enterprise ［J］. Journal of Marketing，1976，41（4）：137.

［184］ Kogut B. , Singh H. The Effect of National Culture on the Choice of Entry Mode. Journal of International Business Studies，1988，19（3）：411 - 432.

［185］ Kojima K. Direct Foreign Investment to Developing Countries： The Issue of Over - Presence ［J］. Hitotsubashi Journal of Economics，1978，19（1/2）：1 - 15.

［186］ Kolstad I. , Wiig A. Is Transparency the Key to Reducing Corruption in Resource - Rich Countries? ［J］. World Development，2009，37（3）：521 - 532.

［187］ Krause R. , Semadeni M. , Jr A A C. External COO/presidents as expert directors： A new look at the service role of boards ［J］. Strategic Management Journal，2013，34（13）：1628 - 1641.

［188］ Kulkarni S. P. The Influence of the Type of Uncertainty on the Mode of International Entry ［J］. American Business Review，2001.

［189］ La Porta R. , Lopez - de - Silanes F. , Shleifer A. , Vishny R. Legal Determinants of External Finance ［J］. Journal of Finance，1997，52（3）：1131 - 1150.

［190］ La Porta R. , Lopez - de - Silanes F. , Shleifer A. , Vishny R. Law and Finance ［J］. Journal of Political Economy，1998，106（6）：1113 - 1155.

［191］ La Porta R. , Lopez - de - Silanes F. , Shleifer A. , Vishny R. The Quality of Government. Journal of Law， Economics， and Organization, 1999, 15 (1): 222 – 279.

[192] La Porta R. , Lopez – de – Silanes F. , Shleifer A. , Vishny R. Investor Protection and Corporate Valuation. Journal of Finance, 2002, 57 (3): 1147 – 1170.

[193] La Porta R. , Lopez – de – Silanes F. , Shleifer A. . The Economic Consequences of Legal Origins. Journal of Economic Literature, 2008, 46 (2): 285 – 332.

[194] Li L. Multinationality and Performance: A Synthetic Review and Research Agenda [J]. International Journal of Management Reviews, 2007, 9 (2).

[195] LIN Suyan. Risks and Preventive Measures of Multinational Operations for Small and Medium-sized Enterprises—Based on the perspective of internal control. 2011 The Fifth International Symposium on the Development of Small and Medium-sized Enterprises.

[196] Lu J. , Beamish P. International Diversification and Firm Performance: The S-curve Hypothesis [J]. Academy of Management Journal, 2004, 47 (4).

[197] Lu J. W. , Beamish P. W. The Internationalization and Performance of SMEs [J]. Strategic Management Journal, 2001, 22 (6/7).

[198] March J. G. , Shapira Z. Managerial Perspectives on Risk and Risk Taking. Management Science, 1987, 33 (11): 1404 – 1418.

[199] Markusen J. R. Multinationals, Multi-plant Economies, and the Gains from Trade. Journal of International Economics, 1984, 16 (3): 205 – 226.

[200] Miccolis J. , Samir S. Creating Value through Enterprise Risk Management: A Practical Approach for the Insurance Industry [Z]. 2001: 3 – 10.

［201］Miller K. D. A Framework for Integrated Risk Management in International Business ［J］. Journal of International Business Studies, Washington, Second Quarter 1992, Vol. 23, Iss. 2.

［202］Michel A., Shaked I. Multinational Corporations vs. Domestic Corporations: Financial Performance and Characteristics ［J］. Journal of International Business Studies, 1986 (18).

［203］Moore M. T., The Evolving Contours of the Board's Risk Management Function in UK Corporate Governance ［J］. Journal of Corporate Law Studies, 2010, 10 (2): 279 – 308.

［204］Morck R. Behavioral finance in corporate governance: economics and ethics of the devil's advocate ［J］. Journal of Management & Governance, 2008, 12 (2): 179 – 200.

［205］Mousumi Bhattacharya, Patrick M Wright. Managing Human Assets in an Uncertain World: Applying Real Options Theory to HRM ［R］. CAHRS Working Paper Series 04 – 03, Cornell.

［206］Nadvi K., Halder G. The Dynamics of Inter-linked Clusters: The Surgical Instrument Sector of Sialkot, Pakistan and Tuttlingen, Germany. IDS Working Paper, 2002.

［207］O'Grady S., Lane H. W. The Psychic Distance Paradox. Journal of International Business Studies, 1996, 27 (2): 309 – 333.

［208］Oviatt B. M., Mcdougall P. P. Challenges for Internationalization Process Theory: The Case of International New Ventures ［J］. Mir Management International Review, 1997, 37: 85 – 99.

［209］Pantzalis C., Simkins B. J., Laux P. A. Operational Hedges and the Foreign Exchange Exposure of U. S. Multinational Corporations ［J］. Journal of International Business Studies, 2001, 32 (4): 793 – 812.

［210］Ramaswamy K. Multinationality, Configurationand Performance:

A Study of MNEs in the US Drug and Pharmaceutical Industry [J]. Journal of international management, 1995, 1 (2): 231 – 253.

[211] Ramasamy B. , Yeung M. The Determinants of Foreign Direct Investment in Services. World Economy, 2010, 33 (4): 573 – 596.

[212] Riahi – Belkaoui A. The Effects of Multinationality on Earnings Response Coefficients [J]. Managerial Finance, 2002, 28 (3).

[213] Riahi – Belkaoui A. , Alnajjar F. K. Multinationality as a Determinant of Earnings Persistence [J]. Managerial Finance, 2002, 28 (3).

[214] Ruigrok W. , Wagner H. Internationalization and Performance: An Organizational Learning Perspective [J]. Management International Review, 2003, 43.

[215] Sanders W. G. , Carpenter M. A. Internationalization and Firm Governance: the Roles of CEO Compensation, Top Team Composition and Board Structure [J]. Academy of Management Journal. 1998, 41 (1): 158 – 178.

[216] Schmitz H. Local Enterprises in the Global Economy: Issues of Governance and Upgrading [J]. Books, 2004, 37 (2): 320 – 322.

[217] Shleifer A. , Vishny R. W. A Survey of Corporate Governance. The Journal of Finance, 1997, 52 (2): 737 – 783.

[218] Stephan Gerschewski, Elizabeth L. Rose, Valerie J. Lindsay. Understanding the Drivers of International Performance for Born Global Firms: An Integrated Perspective [J]. Journal of World Business, 2015, 50 (3).

[219] Stewart R. Miller, Dovev Lavie, Andrew Delios. International Intensity, Diversity, and Distance: Unpacking the Internationalization-performance Relationship [J]. International Business Review, 2016, 25 (4).

[220] Tallman S. Li J. Effects of International Diversity and Product Diversity on the Performance of Multinational Firms [J]. Academy of Manage-

ment Journal, 1996, 39 (1): 179 – 196.

[221] Taylor M. , Jack R. Understanding the Pace, Scale and Pattern of Firm Internationalization: An Extension of the "Born Global" Concept [J]. International Small Business Journal, 2013, 31 (6): 701 – 721.

[222] Thomas D. E. , Grosse R. Country-of-origin Determinants of Foreign Direct Investment in an Emerging Market: the Case of Mexico. Journal of International Management, 2002, 7 (1): 59 – 79.

[223] Tirole J. Corporate Governance. Econometrica, 2001, 69 (1): 1 – 35.

[224] Tsao S. and Chen G. The Impact of Internationalization on Performance and Innovation: The Moderating Effects of Ownership Concentration [J]. Asia Pacific Journal of Management, 2012, 29 (10): 617 – 642.

[225] Vernon R. International Investment and International Trade in the Product Cycle [J]. The Quarterly Journal of Economics, 1966 (5): 190 – 207.

[226] Welch L. S. , Luostarinen R. K. Inward – Outward Connections in Internationalization [J]. Journal of International Marketing, 1993, 1 (1): 44 – 56.

[227] Williamson O. E. The Economics of Discretionary Behavior: Managerial Objectives in a Theory of the Firm, Prentice – Hall, Englewood Cliffs, NJ, 1964.

[228] Williamson O. E. The New Institutional Economics: Taking Stock, Looking Ahead [J]. Journal of Economic Literature, 2000, 38 (3): 595 – 613.

[229] Yermack D. Shareholder Voting and Corporate Governance. Annual Review of Financial Economics, 2010, Forthcoming. Available at SSRN: http: //ssrn. com/abstract = 1523562.